bup
BERLIN UNIVERSITY PRESS

Die Macht der Gefühle
Emotionen in Management, Organisation
und Kultur

Herausgegeben von Jörg Metelmann und Timon Beyes

Berlin University Press

Die Macht der Gefühle
Emotionen in Management, Organisation und Kultur
Jörg Metelmann, Timon Beyes (Hrsg.)

Erste Auflage im März 2012
© Berlin University Press 2012
Alle Rechte vorbehalten

Ausstattung und Umschlag
Groothuis, Lohfert, Consorten|glcons.de
Satz und Herstellung
Dittebrandt Layout&Satz, Baden-Baden
Schrift
Borgis Joanna MT
Druck
Beltz Druckpartner GmbH Co. KG, Hemsbach
ISBN 978-3-86280-030-8

Inhalt

III. Kultur und Form

IV. Selbstmanagement

I. Einleitung und Dialog

Zur Einleitung: Die Macht der Gefühle

Jörg Metelmann, Timon Beyes

> Ich fühle mich! Ich bin!
> Johann Gottfried Herder,
> Zum Sinn des Gefühls

> Sein Wille steckte in den Eingeweiden.
> Alexander Kluge, Chronik der Gefühle

In dem Dokumentarspielfilm *Die Macht der Gefühle*, dessen Titel wir auch als Hommage zum achtzigsten Geburtstag seines Regisseurs hier übernehmen, erzählt der „Chronist der Gefühle" Alexander Kluge unter anderem von einem Verbrechen. Ante Allewich, „Geschäftsführer eines Hotels in Jugoslawien", ist nach Frankfurt gereist, um „Westware" – 1983 noch ein mythischer Begriff – zu kaufen. Das Geld für die gewünschte Spülmaschine sollen Diamanten erbringen, die er in der Main-Metropole auf dem Schwarzmarkt zu verkaufen sucht. Bei dem Deal wird er von einem Gaunerpärchen (Schmidt, Mäxchen) in der Wohnung eines befreundeten Gaunerpärchens (Schleich, Knautsch-Betty) fast getötet. In dem Bewusstsein, sich durch nichts von einer Anklage entlasten zu können, entschließt letzteres sich, den verbliebenen schwachen Lebensfunken in Allewich anzufachen und so den „Abbau eines Verbrechens durch Kooperation" zu betreiben. Sie verarzten ihn (Infusionen, Heiltränke), lesen ihm vor (Börsennotierungen, Belletristik), stimulieren seine Retina durch eine Glühbirne. Und siehe da, er schlägt die Augen auf: „Später meinten sie, so hätten sie das geschädigte Gehirn in der kritischen Phase in Tätigkeit gehalten, dass es nicht ganz starb."

Die Geschichte geht also gut aus (das Paar küsst sich), obwohl sie mehrfach unmöglich scheint: Zunächst muss der Gauner Schleich die Prostituierte Knautsch-Betty „um ihrer selbst willen" von Zuhältern kaufen und beide müssen sich tatsächlich verlieben; ferner muss der Tote Allewich ein Noch-nicht-Toter sein; dann müssen sie ihn nach Herstellung der Transportfähigkeit „über drei Grenzen" wegschaffen; und schließlich müssen sie für all das noch Zeit und Energie haben, oder wie der Film sagt, „unbezahlte Schwerstarbeit" leisten. Diese fiktive Herstellung eines anderen Ausgangs ist das Hauptthema von *Die Macht der Gefühle*, ja vielleicht von Kluges Schaffen insgesamt: Die Negation des Realitätsprinzips im Sinne einer Rettung der Gefühle vor ihrer sentimentalischen Zurichtung. „Ich habe ein gewisses Misstrauen gegen die Wirklichkeit. [. . .] Diese Gefühlsaustreibung, Gefühlsverleugnung ist etwas, das mich umtreibt. Doch gilt gleichermaßen: Der Einfallsreichtum der Menschheit, Missbrauch mit Gefühlen zu treiben [. . .] steht in keinem Verhältnis zur Emanzipation der Gefühle, die doch daliegen wie Schätze."[1]

Eine sentimentalische Zurichtung ist zum Beispiel der 5. Akt in der Oper, dem „Kraftwerk der Gefühle" des 19.

Jahrhunderts: Wenn am Ende (wieder mal) eine Frau ge-
opfert wurde und beweint wird, dann hat sich eine bestimmte soziokulturelle Form der emotionalen Ressourcen
bemächtigt und deren Erkenntniskräfte zu früh stranden
lassen. Im 20. Jahrhundert hat das Kino den „öffentlichen
Hauptsitz" der Gefühle von der Oper übernommen: „Die
Organisierung lautet: Auch die traurigen Gefühle nehmen
im Kino einen guten Ausgang."[2] Die ästhetische Kontrafak-
tur des vermeintlich Wirklichen ist das positive Gegenbild
zur defätistischen Operdramaturgie: Es ist Kluges große
filmische Abrüstung des fünften Aktes, wenn sich Schleich
und Knautsch-Betty am Ende doch küssen und ihre Zärt-
lichkeitstechniken weiter verfeinern werden. Die Produk-
tivkraft der Gefühle müsse besser genutzt werden – was in
einer Gesellschaft des Bildes vor allem Aufgabe der Medien
ist.[3] Wenige Jahre nach *Die Macht der Gefühle* gibt Kluge das
Kino als Ort der gesellschaftlichen Sinnverhandlung dann
auf und geht in den vertraglich geschickt mit den Privat-
sendern ausgehandelten Fernsehuntergrund der spätabend-
lichen Spartenfenster.

Wo aber befindet sich, wenn man dieser Genealogie
einmal folgen mag, das „Kraftwerk" oder der „öffentliche
Hauptsitz" der Gefühle im 21. Jahrhundert?

Im Fernsehen, wie Kluges Weg oder die omnipräsen-
ten „Ich bin ein Opfer"-Talkshows, die „Ich war ein C-
Promi"-Camps oder die neuerdings auch live gelisteten
„Ich will ein Stück vom Glamourkuchen"-Castings sugge-
rieren? Oder vielleicht im World Wide Web, in Chatrooms
und Social Networks, die zwitschernde Geselligkeit,
Freundschaft und Liebe in scheinbar beliebiger Auswahl

und Variation als Medienverbund (Text, Foto, Film) orga-
nisieren? Oder ist gar die gesamte westliche Öffentlichkeit
emotionalisiert worden, finden sich also in *allen* gesellschaftlichen Zusammenhängen Kommunikationsformen,
die nicht in erster Linie auf Ratio und Sachdenken, sondern auf Gefühl getaktet sind? Denn entkommen lässt sich
der allgegenwärtigen Emotionalisierung nicht. Wie Ute
Frevert diagnostiziert, sprechen „alle [...] über Gefühle. Im
sogenannten therapeutischen Zeitalter, das in der zweiten
Hälfte des 20. Jahrhunderts einsetzte, sind Gefühle zum
Dauerthema geworden", und zwar nicht allein zwischen
Psychologen und ihren Patienten, sondern auch für Mana-
ger, Personalchefs, Politiker, Personen des öffentlichen Lebens, Marketing-Experten und nicht zuletzt Wissenschaftler.[4] Das betrifft also auch (oder gerade?) die Sphäre von
Management und Organisation. In der „immateriellen
Ökonomie" ist „affektive Arbeit" zu leisten: Ausgestattet
mit hoher emotionaler Intelligenz, sollen Arbeits- und
Führungskräfte konktaktfreudig und kommunikations-
stark, mitfühlend und wertschätzend agieren. Gefühle zeigen bei gleichzeitiger Affektkontrolle, emotionale Steuerung bei gleichzeitiger Inszenierung der eigenen Authentizität: Ein paradoxes Anspruchsgeflecht scheint diese
Diskussionen zu bestimmen.

Die Wissenschaft scheint genauso affiziert zu sein. In
unterschiedlichen Disziplinen und mit divergierenden Perspektiven und Definitionen wurde und wird eine affektive
und emotionale Wende vollzogen: Seit Ende der 1970er
Jahre wird in den Sozial- und Kulturwissenschaften den
Gefühlen und ihrer Kodierung eine besondere Erklärungs-

kraft beigemessen, wenn man kulturelle, soziale und orga-
nisationale Phänomene der modernen und postmodernen
Gesellschaften erklären möchte.[5] Wichtige Impulse erhält
das erneuerte Interesse an Gefühlen durch die Neurophy-
siologie, namentlich durch die Arbeiten von Antonio R. Damasio,[6] die Kognitionswissenschaften,[7] eine „kognitivisti-
sche Wende" der angelsächsischen Philosophie und deren
„Wiederentdeckung des evaluativ-repräsentationalen Inhalts
der emotionalen Gefühle",[8] die Renaissance des Soziologen
Gabriel Tarde und seiner Erläuterung des Sozialen anhand
von Prozessen der Ansteckung und Nachahmung[9], die neo-
phänomenologisch grundierte Bezugnahme auf Atmosphären, also „Gefühlsräume",[10] sowie nicht zuletzt das Affekt-
Denken des Philosophen Gilles Deleuze und des Psychiaters
und Psychoanalytikers Felix Guattari.[11]

„Gefühl", „Emotion", „emotionales Gefühl", „Affekt":
Schon die kleine Skizze des Forschungsfeldes im vorigen
Absatz verweist auf die terminologische Uneinheitlichkeit
des Diskurses – und von Pathos und Leidenschaft war noch
gar nicht die Rede. Auch wenn umgangssprachlich etwa
„Affekt" und „Emotion" oftmals synonym verwendet werden, lassen sich darüber akademisch jede Menge Graben-
kämpfe entfachen. Man kann dazu nun den Standpunkt der
Herausgeber-Kollegen des Social Science Readers zu „Emotions" einnehmen, denen eine rigide terminologische Differenzierung vor allem ein Ausdruck intellektuellen Dis-
tinktionsbestrebens scheint.[12] Dennoch kann schwerlich
bestritten werden, dass ein bestimmtes Verständnis von
Gefühlen, Emotionen und Affekten eine bestimmte Welt-
sicht formiert und somit einen wichtigen Unterschied mar-

kiert. Wir möchten hier exemplarisch drei solcher fundamentaler Unterscheidungen herausgreifen:

Erstens kann zwischen Emotionen (emotions) und Gefühlen (feelings) unterschieden werden, wie Damasio vorschlägt.[13] Emotionen seien neuronal bedingte Impulse, also rein körperlich-organische Prozesse von Aktionen und Reaktionen; Gefühle hingegen seien das subjektive Erleben dieser Emotionen, also eine spezifisch menschliche Eigenschaft. Eine solche *evolutionstheoretische* Perspektive akzentuiert im Dialog mit der Tradition (Descartes, Spinoza) noch einmal den spezifisch abendländischen Rahmen der Körper-Geist-Beziehung.

Zweitens wird von Deleuze und seinen Fortdenkern zwischen Emotion und Affekt eine Trennung vollzogen, denn während „Emotion" kulturell bereits geformte und insofern domestizierte Fühlweisen bezeichne, stehe „Affekt" für das kulturell Noch-nicht-Gewordene und Nicht-Bedachte, die stets mögliche, unvorhersehbare Intensität des Fühlens und Fühlen-Machens, durchaus auch verbunden mit Unlust und Schmerz.[14] Eine solche *philosophische* Unterscheidung betont wiederum in Relektüre von Spinoza, aber anders als Damasio, die Überwindung der Annahme eines Subjekts mit spezifisch „menschlichen" Eigenschaften und die Öffnung des Denkens für (neue) sensomotorische und prä-individuelle Verschaltungen.

Drittens bestehe ein Unterschied zwischen real gelebten Gefühlen und medial repräsentierten Gefühlswelten, die man als Sphäre der „Sentimentalität" bezeichnen kann: In dieser Sphäre werden Gefühle durch Muster und Konventionen stillgestellt und so überhaupt erst sichtbar, öffentlich

und diskutierbar.[15] Den sentimentalen Mustern etwa von
Pathosformeln (Warburg) oder Genres wie dem Melodram
kommt so eine erkenntnisfördernde Eigenschaft zu, indem
sie die Verbindung von Gefühl, Moral und Wissen markie-
ren und fiktional ausstellen. Eine solche *mediale* Perspektive
betont den grundlegend diskursiv-performativen Charakter
von Gefühlen und will so die Dichotomie zwischen Gefühl
als gelebt/natürlich/echt sowie Sentimentalität (also fiktional gesteigerte, expressive Gefühligkeit) als kulturell/
künstlich/falsch ins Wanken bringen.

Eingedenk dieser drei beispielhaften Akzentuierungen
als Ausdruck der Unwahrscheinlichkeit der *einen* allgemein-
gültigen Definition orientieren wir uns als Ausgangspunkt
zu diesem Buch an einer dualen Heuristik: „Gefühle" dient
als Oberbegriff für sämtliche affektive Phänomene, wozu
neben „den Emotionen auch Stimmungen und Launen, affektive Einstellungen wie Sympathie, Antipathie, Vertrauen
und Misstrauen sowie lokalisierbare und diffuse Empfindungen und sogar Intuitionen"[16] zählen. „Die Macht der
Gefühle" bezeichnet also das Feld der Wirkungsvermögen
aller möglichen affektiven Phänomene, von realen Ereignissen bis zu Fiktionen, von sekundenschnellen Intensitäten
bis zu lang andauernden Routinen, von politischen bis zu
privatesten Empfindungen, von Körpern über Dinge bis zu
sozialen Konstellationen. Das Ziel des Buches ist es somit,
diese Wirkungsvermögen zu vermessen und zu kartieren
sowie, um noch einmal Kluge zu zitieren, „die Gefühle,
dieses Unterscheidungsvermögen [...] auf seine Brauchbar-
keit für uns selbst und für das Gemeinwesen [zu] testen".[17]
Verbindungen zwischen den vielfältigen Positionen lassen

sich zweifelsohne ziehen, und es ist die Aufgabe jeder an Dialog interessierten Wissenschaft, die jeweiligen Positionen ohne rigoristische Distanznahme und Diffamierung, aber auch ohne apriorische Versöhnungsabsicht ins Gespräch zu bringen, auf der „realen" Bühne des Wissens ebenso wie zwischen den „medialen" Buchdeckeln eines Sammelbandes. Genau dieses haben wir mit den Seminaren und Diskussionsveranstaltungen zu „Affekt und Emotion" als Jahresthema 2011/2012 der Haniel Seminars an der Universität St.Gallen versucht, deren Ergebnisse wir hier in erweiterter Form vorlegen.

Den Auftakt unseres Sammelbandes macht der interdisziplinäre Dialog: die Dokumentation der Podiumsdiskussion „Feel it! The Management of Emotions", die am 9. November 2011 zwischen **Eva Illouz, Linda Williams, Dorthe Staunæs** und **Chris Steyaert** unter der Moderation von Scott Loren in St.Gallen stattfand. Dieses Expertengespräch zwischen Soziologie, Medienwissenschaft, Bildungsforschung und Organisationspsychologie gibt eine gute Einführung in die historischen und systematischen Dimensionen des so wichtig gewordenen Diskurses über Emotionen. Kreist das Gespräch anfangs um das 17. und 18. Jahrhundert als der Gründungszeit des spezifisch modernen Nachdenkens über Gefühle, kommt es schnell auf die systematische Frage, mit welchem Begriff man eigentlich forscht: Emotion oder Affekt? Die Diskussion vertieft die oben skizzierten Unterschiede und kann an Beispielen verdeutlichen, wo die zentrale Bruchstelle in der Forschungslandschaft verläuft: Neigen Illouz und Williams eher dem narrativ-kodierten Konzept der Emotion zu, so stehen Staunæs und Steyaert auf der Seite des Affekts als einer noch ungeformten Intensität.

Konsens besteht über die Bedeutung der Gefühle und des „Psy-Management" (Staunæs) für die Funktionsweise von Ökonomie und Organisation – und über die korrespondierende Notwendigkeit von Perspektiven und Vokabularen, das diesen Gefühlsmechanismen gerecht wird. Die Sektion „Ökonomie und Organisation" schließt hier unmittelbar an. Eröffnet wird sie vom Ökonomen und Publizisten **Uwe Jean Heuser** mit seinem Beitrag über die Begründung und Begründbarkeit eines neuen Staatspaternalismus, der die Bürger „unmerklich" lenken soll. Verhaltensökonomen in den USA weisen auf die privat, betriebswirtschaftlich und volkswirtschaftlich problematische Tendenz des angeblich rational entscheidenden Menschen hin, sich fast immer für das gute Gefühl im Jetzt des Konsums zu entscheiden und die langfristigen Folgen auszublenden. Mit welchen Modellen und welchen ordnungspolitischen Maßnahmen kann man dem begegnen? Und öffnet sich hier das legitime Einfallstor für wohlfahrtsstaatliche (Für-)Sorge oder die Tür zur Bevormundung?

Mit den durch die Finanzkrise in den Medien-Fokus geratenen Finanzmärkten und ihren Akteuren beschäftigen sich die Soziologen **Markus Lange** und **Christian von Scheve**. Sie fragen nach den Gefühlen der Händler auf dem Parkett: Was lösen Zahlenreihen auf Bildschirmen in ihnen aus? Die Antworten gewinnen sie aus Emotionsratgebern, deren Aussagen auf ein Paradox hinauslaufen: Einerseits sollen die Händler Emotionen weitestgehend ausschließen. Andererseits sind es die Emotionen, die große

motivationale Kraft entfalten und sogar – Stichwort: Bauchgefühl – Schaden vom Geschäft abhalten können. Zudem
beobachten Lange und von Scheve eine Trennung zwischen individuell empfundenen Gefühlen und Stimmungen, die „dem Markt" zugeschrieben werden: Hier scheint
bereits eine Spannung auf, die etwa in den Texten von Timon Beyes und Leon Hempel aufgenommen und anders
kontextuiert wird.

Der Betriebswirt und Organisationsdenker **Günther
Ortmann** treibt in seinen nachfolgenden Beobachtungen
zur organisationalen Anerkennungskultur einen Keil zwischen die konventionelle Anreiz-Beitrags-Theorie und ihre
Wirklichkeit in Organisationen: Die Mitarbeiter wissen, so
Ortmanns These, sehr genau zwischen Geldleistung und
Wertschätzung, zwischen Tausch und Gabe zu unterscheiden. Stolz, Scham und Identitätsmehrwert lassen sich nicht
in Zielvereinbarungen schreiben und qua Bonuszahlungen
produzieren; Anerkennung und Achtung können gewährt,
aber nicht verkauft werden. Damit stiftet Kommunikation
in Organisationen umso eher Identität, „je weniger sie sich
einer auf den Nutzen bedachten Kalkulation verdankt".

Diesen Block abschließend verirrt sich **Timon Beyes**
mit Sigmund Freud ins Rotlichtviertel einer italienischen
Stadt. Doch fasst er Freuds Gefühl des Unheimlichen nicht
als Symptom des individuellen Unbewussten sondern als
einen räumlich-atmosphärischen Zusammenhang auf, der
zwischen Subjekt und Objekt steht. Auf dieser Basis sucht
Beyes die Radikalität des Neueinsatzes des sogenannten
Affekt-Denkens am Beispiel der Organisation des Städtischen nachzuzeichnen. Gerade in der technologisch aufge-

rüsteten Stadt müsse die Erkundung der Macht der Gefühle mit einem subjektlosen Verständnis der Emotion beginnen, um die Transformation des affektiven Hintergrundes durch digitale Netzwerke und mobile Medien wie GPS oder Smartphones – und damit neue Unheimlichkeiten des Urbanen – denken zu können.

Von dieser Spekulation über die technologisch bedingten Formen der Affizierung gehen wir in der zweiten Sektion unserer Textsammlung – „Kultur und Form" – über zu den melodramatischen Formen, in denen bzw. durch die sich kulturelle Verständigung auf der Gefühlsebene abspielt. Wir beginnen mit dem Filmwissenschaftler **Thomas Elsaesser** und seinen Beobachtungen zur Rolle des Opfers in den globalisierten Identitätsdiskursen der Massenmedien. Das läuft auf die Frage zu, warum es in Deutschland in den Nullerjahren eine starke Strömung gab, sich statt als Tätervolk als Opfer zu fühlen. Darin zeige sich der Wunsch der Deutschen, „sich ihren Platz auf dem überfüllten Opferfeld zu sichern, das durch Popkultur, Talkshows, Daily Soaps und Reality TV mit jedem neuen Tag attraktiver erschien und politisch immer stärker von den USA vereinnahmt wurde." Warum diese Position des Opfers so attraktiv ist, erklärt Elsaesser mit der kulturellen Form des Melodrams, zu dessen Erforschung er vor exakt 40 Jahren mit dem Artikel „Tales of Sound and Fury. Beobachtungen zum Familienmelodram" den Startschuss gegeben hatte.

Die Erkundungen des Melodrams als einer der prominentesten Formen des Ausdrucks westlicher Gefühle führt **Scott Loren** mit einer Tränen-Analyse fort. Der konservative Talkmaster Glenn Beck weint im Fernsehen um das

verloren gegangene weiße Amerika der Gründerväter —
eine klassisch melodramatische Imagination eines Un-
schuldsraums. Es ist das klare Schema von Gut und Böse,
das Beck über die Situation der USA legt: Der schwarze
Mann im weißen Haus sei ein Schurke, der die tugendhafte Nation mit allerhand sozialstaatlichen Initiativen zerstören wolle, weshalb ihre Ehre wiederherzustellen sei. Das
melodramatische Schwarz-Weiß-Schema hat in den USA
gerade im Hinblick auf das Zusammenleben verschiedener
Rassen eine besondere Bedeutung, wie Loren unter Hinweis auf die Arbeiten von Linda Williams ausführt, und es
sei dieser Zündstoff einer moralischen Auf- und Abwertung, die Glenn Becks mediales Spiel mit den Gefühlen so
gefährlich mache.

Abschließend zu „Kultur und Form" der Gefühle er-
läutert **Jörg Metelmann** die Funktion des Melodrams, eine
in der Realität „gefühlte Ungerechtigkeit" fiktional zu bearbeiten — es ist das Gefühl, dass etwas mit der Verteilung
des globalen Wohlstands, mit dem globalisierten Kapitalismus nicht stimme, dem man schlecht mit Zahlen, wohl
aber mit der Geschichte von anonymen Schurken und un-
schuldigen, ehrlichen Opfern begegnen kann. Diese Story
erzählt der Dokumentarfilm *Kapitalismus — eine Liebesgeschichte*
des populären Regisseurs Michael Moore für die USA nach
dem Zweiten Weltkrieg. Doch gehört dieser melodramatische Modus schon seit 1800 und damit seit den Anfängen
der Industrialisierung zur symbolischen Begleitung des Lebens in der Moderne zu beiden Seiten des Atlantiks. Das
Melodram berichtet so gesehen aus der Innenwelt der Außenwelt der Weltmarktordnung, die sich als der Prozess

beschleunigter Kapitalakkumulation darstellt. Man muss dieser Versuchung einer emotionalen Lesbarkeit der Welt nicht stattgeben, man soll sie kritisieren, aber dafür ist ihre Macht über die Herzen anzuerkennen.

Mit der dritten Sektion „Selbstmanagement" rücken die Techniken in den Vordergrund, mit denen Menschen ihre Emotionen individuell bearbeiten. **Wolfgang Engler** skizziert eine kleine Genealogie der Ab-Ständigkeit vom Affekt, wenn er über die Betrachtung von Schauspieler, Höfling und Hochstapler zeigt, wie sich Darstellen, Rolle und Selbstsein in emotionaler Hinsicht unterscheiden. Fluchtpunkt seiner Überlegungen ist der Mensch nach der „affektiven Wende" in der Berufswelt. „Vielleicht ist die *Emotionalisierung der Ökonomie* derzeit", so Engler, „wenig mehr als die Folklore, hinter der die *Ökonomisierung der Gefühle* spielend die nächste Hürde nimmt, von Konsumtion und Werbung kommend ins Zentrum des Geschehens vordringt, in den Produktionsprozess." Die Notwendigkeit der bewussten, reflektierten Zähmung und Steuerung der Affekte erhöht den Leistungsdruck – bei gleichzeitig sinkenden Prämien fürs Mitmachen. Das, so deutet Engler am Ende an, kann nicht gut gehen.

Weniger skeptisch spricht im folgenden Artikel die Psychotherapeutin **Verena Kast** von der Krise als Chance, sich neu zu orientieren. Ihrem positiven im Sinne von konstruktivem Blick auf die Angst als Gefühl liegt die Überzeugung zugrunde, dass sich Menschen darüber freuen, wenn etwas besser läuft als erwartet, wenn es schöner wird als gedacht. Sich auf diese Erfahrungen einzulassen, verhindern jedoch Befürchtungs- und Bedrohungsphantasien, die je nach Familie, Nation und Kultur unterschiedliche Gestalt annehmen. Als wichtige Aspekte eines produktiven Umgangs mit der Angst nennt Kast den Dialog mit anderen, ein gutes Selbstgefühl, die Spezifizierung der Ängste sowie die Aufmerksamkeit für das innere Strebevermögen im Menschen.

Vom vielleicht größten Streben des Menschen, dem nach Glück, erzählt **Leon Hempel** und verbindet es mit der gefühlten inneren Sicherheit, der „securitas" im Denken der Stoa. Wenn in der heutigen Zeit die innere Sicherheit hingegen primär eine Aufgabe der Regierung scheint, so dokumentiert das einen Wandel, bei dem die Umwelt mir den Takt vorgibt, in dem ich zu fühlen und mir meiner gewiss zu sein habe. Glücksstreben wird zur Selbstführung unter externer Aufsicht und Einflussnahme durch ein „social emergency imaginary", in dem sich Katastrophe an Katastrophe und Sorge an Sorge reiht. Die Souveränität in dieser Situation zurückzuerlangen, ist daher für Hempel vor allem Arbeit an der Schnittstelle zwischen dem Außen des Selbst und dem Inneren des Ich: an der Macht der Gefühle.

Zum Abschluss bleibt die Dankbarkeit: Nach unserer Vorjahrespublikation zum Thema des Anstands handelt es sich hier um den nächsten Sammelband, der aus den Haniel Seminars an der Universität St.Gallen erwachsen ist. Wir möchten daher erneut dem Duisburger Team der Haniel Stiftung – ihrem Geschäftsführer Rupert Antes sowie Anna-Lena Schneider, Cornelia Gietler und Iris Schleyken – sehr herzlich für die Ermöglichung der Haniel Seminars (und damit des vorliegenden Buches) wie auch für die langjährige, vertrauensvolle und sehr fruchtbare Zusammenarbeit danken. Ein Dankeschön geht zudem an Verena Witzig und Maximilian Schellmann, ohne deren Mithilfe es weder gut organisierte Veranstaltungen noch eine annähernd fehlerfreie Publikation geben würde. Dies gilt natürlich ebenso für die diesjährigen Haniel-Dozenten Eva Illouz, Verena Kast, Dorthe Staunæs, Christian von Scheve, Chris Steyaert und Linda Williams sowie die anderen Autoren dieses Buches, bei denen wir uns herzlich für ihre Mitarbeit und die Beiträge bedanken. Ein Gruß geht an die St.Galler Studentinnen und Studenten für die rege und intensive Teilnahme an den Haniel Seminars zum Thema „Affekt und Emotion". Schließlich wünschen wir den Leserinnen und Lesern nicht nur nützliche Einsichten und gute Unterhaltung, sondern hoffentlich den ein oder anderen starken Lektüre-Affekt und ein wenig „plaisir du texte", wie Roland Barthes das treffend benannte.

Gewidmet sei dieser Band unserer verstorbenen Freundin und Kollegin Caroline Pross.

Anmerkungen

1 A. Kluge: Mißtrauen gegen die Wirklichkeit; Kopf der Leidenschaften – Fuß der Leidenschaft, in: Ders.: Die Kunst, Unterschiede zu machen. Frankfurt am Main 2003, hier S. 79, 49. Siehe auch A. Kluge: Neonröhren des Himmels. Filmalbum zur Edition *Sämtliche Kinofilme*. Frankfurt am Main 2007, S. 67: „Gefühle sind nicht zu verwechseln mit Sentimentalität."

2 Ebd., S. 68.

3 Vgl. dazu auch H.-B. Heller: Alexander Kluges *Die Macht der Gefühle* – wieder gesehen, in: S. Marschall/ F. Liptay (Hrsg.): Mit allen Sinnen. Gefühl und Empfindung im Kino. Marburg 2006, S. 32–44, hier: S. 40f.

4 U. Frevert: Gefühle definieren: Begriffe und Debatten aus drei Jahrhunderten, in: Dies. u.a. (Hrsg.): Gefühlswissen. Eine lexikalische Spurensuche in der Moderne. Frankfurt am Main 2011, S. 9–39, hier S. 9. Eine solche kollektive

westliche Emotion wäre wiederum von anderen Kulturen/ Erdteilen zu unterscheiden, wie Dominique Moïsi vorschlägt: Kampf der Emotionen. Wie Kulturen der Angst, Demütigung und Hoffnung die Weltpolitik bestimmen. München 2009.

5   1978 erscheint Christopher Lashs kulturphilosophisch wegweisendes Buch „The Culture of Narcissism", 1983 Arlie Hochschilds für Managementlehre und Organisationstheorie einschlägige Studie „The Managed Heart. Commercialization of Human Feelings".

6   Vgl. zu dieser Einschätzung auch K. Herding: Emotionsforschung heute – ein produktive Paradoxie, in: Ders./ B. Stumpfhaus (Hrsg.): Pathos, Affekt, Gefühl. Die Emotionen in den Künsten. Berlin/ New York 2004, S. 3-46, hier: S. 5f.

7   Vgl. hierzu C. von Scheve: Emotionen und soziale Strukturen. Die affektiven Grundlagen sozialer Ordnung. Frankfurt am Main 2009, S. 103ff.

8   S. A. Döring: Allgemeine Einleitung: Philosophie der Gefühle heute, in: Dies. (Hrsg.): Philosophie der Gefühle. Frankfurt am Main 2009, S. 12–65, hier: S. 16. Die zentrale Aussage ist, dass Gefühle nicht nur eine bestimmte Erlebnisqualität haben, sondern dem Subjekt auch Wissen über die Welt vermitteln, indem sie einen Gegenstand (z.b. eine Schlange, Furcht) als auf eine bestimmte Art seiend (gefährlich) darstellen.

9   G. Tarde: Die Gesetze der Nachahmung. Frankfurt am Main 2009.

10   Vgl. H. Schmitz: Leib und Gefühl. Materialien zu einer philosophischen Therapeutik. Bielefeld 2008; G. Böhme: Atmosphäre. Essays zur neuen Ästhetik. Frankfurt am Main 1995; P. Sloterdijk: Sphären III: Schäume. Frankfurt am Main 2004.

11   Für dieses Denken des Affekts als „Fähigkeit zu bewegen und bewegt zu werden", also mit dem Akzent auf Materialität/ Körperlichkeit und Intensität, vgl. insbesondere B. Massumi: Parables for the Virtual. Movement, Affect, Sensation. Durham/ London 2002 sowie M. Gregg/ G. J. Seigworth (Hrsg.): The Affect Theory Reader. Durham/ London 2010.

12   M. Greco/ P. Stenner: Introduction: Emotion and Social Science, in: Dies. (Hrsg.): Emotions. A Social Science Reader. London/ New York 2008, S. 1–21, hier: S. 12.

13   A. R. Damasio: Der Spinoza-Effekt. Wie Gefühle unser Leben bestimmen. München 2003.

14   Vgl. B. Massumi, a.a.O., hier: S. 27f.

15   K. Mädler: Broken Men – Sentimentale Melodramen der Männlichkeit. Krisen von Gender und Genre im zeitgenössischen Hollywoodfilm. Marburg 2008, hier: S. 41.

16   Wir folgen hier der überzeugenden Argumentation von Christiane Voss: Narrative Emotionen. Eine Untersuchung über Möglichkeiten und Grenzen philosophischer Emotionstheorien. Berlin/ New York 2004, S. 12.

17   Kluge, Unterscheidungsvermögen, a.a.O., hier S. 12.

Feel it! Das Management der Emotionen

Eine Diskussion zwischen Eva Illouz, Linda Williams,
Dorthe Staunæs und Chris Steyaert, moderiert von
Scott Loren[1]

Scott Loren:
Beginnen wir mit der Frage, welchen historischen Hintergrund der Aufstieg des „homo sentimentalis" hat, um einen Terminus von Eva Illouz und Milan Kundera zu verwenden?

Eva Illouz:
Die Frage bezieht sich nicht nur auf die gewachsene Bedeutung von Emotion in der Psychologie, der Soziologie, der Philosophie, der Anthropologie und auch den Literatur- und Filmwissenschaften. Sie verweist auch auf das gestiegene Augenmerk für Emotionen in der allgemeinen Öffentlichkeit, nicht nur in der wissenschaftlichen Forschung also, sondern auch in der Gegenwartskultur.

Deshalb würde ich gern zwischen diesen beiden Fragen unterscheiden. Eine Frage betrifft die Erkenntnistheorie, nämlich ob es sich um etwas qualitativ Neues in unserer Philosophie des Wissens handelt. Die zweite Frage ist hingegen rein historisch, und diese Frage möchte ich zuerst beantworten.

Woher kommt also diese vermehrte Beschäftigung mit Emotion in der Gegenwartskultur? Denn wir Menschen haben natürlich immer schon gefühlt, das sollte also selbstverständlich sein. Wir alle haben Emotionen. Wir erleben aber gegenwärtig nicht nur ein explizites, selbst-reflexives Hervorheben und Herausstellen von Emotionen, sondern es hat außerdem eine breite Kommerzialisierung und Verdinglichung (commodification) des Fühlens stattgefunden. Fühlen und Gefühle sind präsent in verschiedenen Bereichen des Marktes.

Wenn ich diese Veränderung historisch verorten soll, dann neige ich dazu – und ich bin bereit das zu verteidigen – diesen Aufstieg der emotionalen Subjektivität, dem wir heute begegnen, ursächlich mit dem Roman im 18. Jahrhundert zu verbinden. Denn der Roman zeichnet die Konturen einer neuen Art von Innerlichkeit des Lesers und der im Roman beschriebenen Charaktere, die Konturen einer psychologischen Innerlichkeit. Wir sprechen über Charaktere, die deswegen interessant sind, weil sie empfinden, weil sie Emotionen haben; wir sprechen über eine ausdrückliche Beziehung zwischen dem Leser und der Innenwelt der Charaktere, ihren innersten Emotionen.

Ich beziehe mich auf den Roman, obwohl mir natürlich bewusst ist, dass sich beispielsweise das Theater der Antike natürlich ebenfalls stark auf Emotionen bezogen hat. Aber mir scheint, dass wir erst im Roman des 18. Jahrhunderts ein Spektakel erleben – nicht ein Spektakel im visuellen Sinne, sondern im Sinne des Hinschauens und

Beobachtens eines Charakters und seiner Emotionen, als Teilnahme an seiner oder ihrer Innerlichkeit, die in einem Marktumfeld verortet ist.

Diese Kommerzialisierung von Innerlichkeit beginnt sich umfassend auszubreiten, so meine ich, mit dem Einsetzen dessen, was wir zum einen die freudianische Kultur nennen können – die psychologische Kultur der Selbsthilfe – und zum anderen mit der Kultur des Konsums.

Der Begriff der freudianischen, psychologischen Kultur bezieht sich nicht so sehr auf das Werk von Sigmund Freud selbst, denn er hat sich nicht besonders stark auf Emotionen konzentriert. Vielmehr ist die Populärpsychologie gemeint, in der einige grundlegende Erkenntnisse Freuds vereinnahmt werden. Meiner Ansicht nach sollten wir Populärpsychologie als eine Praxis verstehen, die Menschen hilft, ihr Gefühlsleben umzurüsten. Gefühle werden also nicht nur kulturell stark in den Vordergrund gestellt, sie werden nicht nur Gegenstand endloser Diskurse – also Gegenstand langwieriger Diskussionen und Objekte der Steuerung von Gefühlsexperten mit Hilfe verschiedenster Wissensapparate. Sondern sie werden auch selbst zum Objekt, sie sind die Handelsware, die verkauft wird, beispielsweise von einem Psychologen, oder einem Selbstbehauptungstrainer, oder dem Leiter eines Motivationsworkshops an die Menschen, die sie konsumieren wollen. Wenn man also zu einem Psychologen geht, weil man zu viel Ärger in sich trägt, oder weil man nicht genügend stark empfindet, oder zu ängstlich ist – dann verstehe ich diesen Prozess als einen Warentausch (commodified transaction) von Emotionen.

Freudianische Kultur, psychologische Kultur ist also der erste Pol, und der zweite Pol ist Konsumkultur, denn diese preist – anders als wir häufig annehmen – Waren und Leistungen vorrangig für ihre affektiven Wirkungen an. Die grundsätzliche Beobachtung ist natürlich nicht neu, dass wir ein Objekt nicht nur als materielles Ding konsumieren, sondern ebenso die damit assoziierte Bedeutung, also die Beziehungen und Emotionen, die das Objekt ermöglicht. Aber es gibt einen anderen, weniger breit diskutierten Aspekt, nämlich die Tatsache, dass Konsumkultur etwas hergestellt hat, das Soziologen manchmal „Erfahrungsgüter" nennen, also nicht greifbare Waren, die uns als Erfahrungen begegnen: Eine exotische Kreuzfahrt ist beispielsweise so ein Erfahrungsgut. Man konsumiert also ein bestimmtes Erleben, aber die Konsumkultur hat zugleich auch Emotionen hergestellt, so dass Erfahrungsgüter tatsächlich Emotionen zum Inhalt haben.

Das ist aus meiner Sicht der historische Hintergrund dafür, dass Emotionen so ein wichtiges Thema und so eine prominente Praxis in den Kulturen der Gegenwart geworden sind.

Scott Loren:
Wenn man diese Sicht ergänzt durch die Perspektive auf die Massenkultur, dann würden wir, Linda Williams, mit unserem Interesse an der US-amerikanischen Kultur und ihrer Filmproduktion dem wohl zustimmen, dass die Verbreitung der Psychologie und die Ankunft von Freuds Ideen in den Vereinigten Staaten diesen Waren-Effekt hat. Der Diskurs der Psychologie reicht ja buchstäblich bis in den

privaten Haushalt der Menschen einerseits und formt andererseits fraglos die nationale Vorstellungskraft.

Linda Williams:
Ja, ich denke das ist ganz zweifellos der Fall. Aber ich
würde gerne von Eva Illouz noch etwas genauer erfahren:
Wenn wir von „Verdinglichung" sprechen und damit den
Bereich der marktförmigen Ware betreten, heißt das auch,
dass wir damit Emotionen abwerten, ihren Preis herabset-
zen? Heißt das, dass es früher ‚reine' Emotionen gab, und
dass es jetzt nur Emotionen gibt, die wir erwerben und
veräußern, kaufen und verkaufen?

Scott Loren:
Darauf kommen wir gleich noch einmal, daher zunächst
hier noch die Frage an die Bildungs- und Organisations-
wissenschaften: Wie sehen Sie, Dorthe Staunæs und Chris
Steyaert, den historischen Aufstieg von Emotionen zu einem elementarem ontologischen Bezugssystem?

Chris Steyaert:
Vielleicht kann ich damit beginnen, die neue Ontologie,
das neue Verständnis des Seins des Menschen, zu beschreiben – und das Wort „neu" macht Menschen inzwischen
immer ein bisschen lustlos: schon wieder etwas Neues!
Deshalb gehe ich lieber zurück, und zwar statt in das 18.
Jahrhundert sogar bis ins 17. Jahrhundert, denn wir müssen, wenn es um Ontologie geht, naheliegender Weise fragen: Wie hat die frühe Wissenschaft denn Emotion und
Affekt aufgefasst? Zoomen wir daher auf Amsterdam, eine

der angesehensten Städte des 17. Jahrhunderts, die viele Wissenschaftler und Philosophen angezogen hat. Einer von ihnen war René Descartes, ein bekannter früher Verfechter des rationalistischen Modells, welches zur Folge hatte, dass die Wissenschaft oder besser gesagt die ersten philosophischen Gründungen von Wissenschaft nicht die Sensibilität für Affekte haben, die sich dann später im Roman zeigt. Es gibt zu dieser Zeit eine Art von Spaltung, so muss man wohl sagen, zwischen dem Geist und dem Körper, und es sind – wenn ich einen großen Sprung machen darf zu den Management-Theorien der Gegenwart – offensichtlich die rationalistisch fundierten Modelle, auf denen die Disziplinen von Organisationstheorie und Managementlehre ursprünglich aufbauen.

Es gibt aber auch einen Gegenentwurf in dieser Zeit. Nachdem Descartes, vielleicht auf Grund seiner Berühmtheit, Amsterdam Richtung Stockholm verlassen hatte, wirkte ein anderer Philosoph in Amsterdam, Baruch Spinoza – ein portugiesischer Jude, geboren in Amsterdam – der darauf bestand, dass wir Geist und Körper als eine Substanz auffassen müssen. Ich bin kein Historiker, aber mir scheint, dass die Ideengeschichte stets bestimmten Trends folgt, und so war es eben die cartesianische Idee, welche aus irgendeinem Grund in den folgenden Jahrhunderten maßgeblich war. Wenn Michael Hardt in der Einleitung zum Buch „The affective turn"[2] die Idee einer „neuen Ontologie" aufwirft, dann weist das möglicherweise darauf hin, dass es in den vergangenen Jahrzehnten – ich will nicht sagen: eine Neuentdeckung, aber doch eine Neu-Interpretation der Werke Spinozas aus dieser Zeit gegeben hat. Es gibt also diese Idee, laut der wir umdenken und den Geist mit dem Körper verbinden müssen, und ich denke, dass der „affective turn" davon ausgehend den Versuch unternimmt, diese Einheit zu fokussieren und wiederherzustellen, wie der Körper selbst Teil des Ganzen ist, wie Vernunft und Leidenschaft zusammen gedacht werden können. Somit rückt also seit noch nicht langer Zeit der Körper wieder in das Blickfeld – das wäre etwas, was wir diskutieren könnten: Welche Auswirkungen hat diese Körperlichkeit auf die Verdinglichung und Kommerzialisierung von Emotionen und Affekt?

Dorthe Staunæs:
Emotionen haben in Bildung und Erziehung natürlich immer schon eine prominente Rolle gespielt, besonders bei der Bildung der Gefühle selbst. Aber ich beobachte darüber hinaus eine Intensivierung der emotionalen Komponente in der heutigen Bildungslandschaft. Man kann das unter anderem daran erkennen, wie stark Positive Psychologie und wertschätzende Ansätze in jedes Klassenzimmer eingezogen sind. Emotion prägt den pädagogischen Führungsstil von der konkreten Klassenführung bis nach oben in die Leitungsebenen. Dies ist verbunden mit der Entwicklung, dass das Bildungswesen ein Teil der Wissensökonomie wird und dass jeder einzelne Akteur versucht, sich im Wettbewerb dieser globalen Wissensökonomie dadurch zu behaupten, dass er die bestmögliche Version seiner selbst wird, von der Grundschule bis zum Ministerium. Und dabei hängt alles an dieser Intensität, oder – wenn man es so nennen will – an der Affektivität.

Scott Loren:

Sie benutzen die Termini „Intensität" und „Affektivität"
– damit begeben wir uns eher in den Bereich des Affekts,
im Gegensatz zur Emotion oder auch des Affektes mit Emotion. Um auf die historischen Quellen dieser Begriffe zu-
rückzugehen, möchte ich uns kurz den Artikel „Was ist
Emotion?" von William James aus den achtziger Jahren
des 19. Jahrhunderts in Erinnerung rufen. Er benutzt eine
Analogie und verwendet das Beispiel der plötzlichen Be-
gegnung mit einem Bären mitten im Wald, um über den
Unterschied von Emotion und Affekt zu sprechen. Laut
James glauben wir, dass wir Folgendes erleben: Man geht
im Wald spazieren, plötzlich trifft man auf einen Bären.
Dann wird einem klar, dass man sich in Gefahr befindet,
und sobald dies klar geworden ist, fängt man an zu schwitzen oder zu zittern, oder vielleicht schreit man vor Angst
und läuft weg. James behauptet nun, dass es sich genau
andersherum verhält: Nicht der kognitive Prozess findet
zuerst statt, sondern der affektive Prozess ist der beherr-
schende und der kognitive Prozess sekundär. Im Beispiel
gesagt, bedeutet dies: Man erblickt den Bären, beginnt zu
schwitzen, zu zittern und läuft weg – und erst deswegen
wird einem klar, dass man Angst hat.

Aus dieser Logik heraus würde ich die Frage stellen:
Wie unterscheiden Sie, wie unterscheiden wir zwischen
Emotion und Affekt?

Eva Illouz:

Sie meinen: Besser als James es unterscheiden konnte?

Scott Loren:

Nein, das nicht. Ich meine in Ihren Methoden, in Ihrer Arbeit, in Ihren Forschungsansätzen.

Linda Williams:

Ich würde sagen, dass diese Unterscheidung für meine Methodologie eher keine Rolle spielt. Ich denke nicht so sehr darüber nach, ob es eine Reaktion gibt, welche einer etwaigen Benennung des Gefühls vorausgeht, sondern was mich interessiert, sind Filme – Filme, die sich bewegen und die uns bewegen. Und damit bin ich interessiert an Emotionen, die wir so nennen, wenn wir einen Film ansehen – was sie mit uns machen und was wir sie mit uns machen lassen.

Einige der wichtigsten politischen Ereignisse der Vergangenheit, im Guten wie im Bösen, sind das Ergebnis davon gewesen, wie Zuschauer oder Leser oder Teile der Öffentlichkeit in einer bestimmten Weise angeregt und bewegt worden sind. Eines der wichtigsten Gefühle, das ich als eine Haupttriebkraft festhalten will, ist dabei Mitleid, also bewegt zu werden, das Leid einer anderen Person mitzufühlen. Man wird emotional bewegt, das Menschliche der anderen Person durch dieses Gefühl zu erkennen, und das ist etwas, das große Dinge bewirken kann. Man kann beispielsweise den amerikanischen Bürgerkrieg als des Ergebnis zunächst eines Romans und dann zahlloser Bühnenversionen des Romans auffassen, mittels derer Menschen, die bis dahin nicht an die Menschlichkeit der Sklaven glaubten, dazu bewegt wurden, das Leid der Sklaven selbst zu empfinden und sich aufgrund dieses Mitleids für die Befreiung der Sklaven als eine politische Notwendigkeit einsetzten. Ich weiß, was ich jetzt sagen werde, klingt furchtbar idealistisch, aber als Abraham Lincoln zu Harriet Beecher Stowe, der Autorin von „Onkel Toms Hütte", sagte: „Also Sie sind das kleine Fräulein, das diesen großen Krieg verursacht hat!", da hat er etwas zutiefst Wahres ausgesprochen: Auf eine bestimmte Art *hatte* sie wirklich diesen Krieg verursacht. Deshalb ist es für mich wichtig, dass wir Mitleid als ein codiertes Gefühl so bewahren und festhalten, statt es zu negieren und es nur ‚eine unbestimmte Erregung' zu nennen, die noch keinen Namen hat, denn es *hat* einen Namen durch die Art und Weise, wie es in der Kultur funktioniert.

Scott Loren:
Man könnte dies vielleicht als Teil der amerikanischen Tradition identifizieren, als den amerikanisch geprägten Pragmatismus. Gestützt wird diese Auffassung auch durch Richard Rortys Argument in „Kontingenz, Ironie und Solidarität"[3], dass es eben gerade das Mitgefühl ist, jenes Wahrnehmen des Leidens bei anderen Subjekten, dass ihnen Leid widerfährt auf eine uns allen vertraute Art und Weise, das Verbundenheit zwischen Menschen begründet und ermöglicht.

Dorthe Staunæs:
Ich würde diesen Diskussionsstrang gerne fortführen. Linda Williams hat vorhin angesprochen, was sie interessiert und was sie eigentlich bewegt. Wenn ich dieselbe Position einnehme und sage, mich interessieren Psychologie und

Lernprozesse und dergleichen, dann sage ich eigentlich: Was mich interessiert, ist Veränderung, ist Verwandlung. Das ist nämlich gerade der Grund, warum es für mich wichtig ist, auszuklammern, über *welche Art* von Emotionen wir gerade sprechen, darüber können wir zu diesem Zeitpunkt noch gar nicht sprechen. Für meine Analysen würde ich deshalb gerne den Moment *davor* betrachten, jenen Moment, in dem wir noch nicht sicher sind, *was* es ist, wir aber schon wissen, *dass* etwas in Bewegung geraten ist, dass es eine bestimmte Intensität gibt. Vielleicht fühlen wir uns unbehaglich oder wir fühlen uns besonders heimelig, wir sind uns einfach noch nicht sicher, worum es sich handelt. Und an einem bestimmten Punkt bekommen wir diese Intensität zu fassen und wir benennen sie, vielleicht als Freude, vielleicht als Scham, vielleicht als Interesse. Aber aus der Perspektive des Beobachters, der sich für Veränderung und Verwandlung interessiert, ist es sehr schön zu sagen, nun ja, es hätte auch als etwas anderes ergriffen und benannt werden können.

Linda Williams:
Was für einen Unterschied macht es, dass Sie es nicht benennen?

Dorthe Staunæs:
Der Unterschied liegt darin, dass ich mich stattdessen auf das Ansteigen und Abfallen der Intensität konzentriere, und dass etwas anderes daraus entstehen kann, als ich erwartet hatte. Dadurch erhalte ich eine ganz eigene Perspektive auf Verwandlung und wie ein bestimmtes Gefühl

sich verändern und ein anderes werden kann. Für mein Arbeitsfeld und für die Aufgaben, die ich lösen will, ist dies der entscheidende Aspekt. Ich bin aber überhaupt nicht sicher, ob diese Sichtweise zu dem passt, worüber andere arbeiten. Denn ich denke, es ist wichtig zu sehen, dass einzelne Disziplinen oder bestimmte Forschungsansätze uns zwingen, das Begriffswerkzeug jeweils umrüsten.

Scott Loren:
Dann ist für Ihren Ansatz also die Affektivität grundlegend, als das Moment eines gesteigerten Potenzials.

Dorthe Staunæs:
Ja, genau.

Chris Steyaert:
Wir müssen aber aufpassen, dass wir nicht einen Aspekt – Affekt – zu Lasten des anderen – Emotion – überbetonen. Wir müssen stets die Kombination aus beiden sehen. Wenn ich auf das Kino zurückkommen darf, dann würde ich sagen, dass in diesen Formulierungen auch stets eine Kollektivität zum Ausdruck kommt. So bin ich immer sehr erstaunt, wenn ich ins Kino gehe und die anderen Leute lachen dann, wenn ich auch lache. Aber es kommt auch vor, dass ich lache und niemand sonst, und dann entsteht eine bestimmte Verlegenheit. In beiden Fällen gibt es aber eine bestimmte Kollektivität, die vielleicht vom Begriff des Affekts gut erfasst wird. Ähnlich wie wir häufig spüren können, wie es anderen Menschen geht oder was sie machen, ohne darüber zu sprechen, etwas, das wir Atmo-

sphäre nennen können. Darüber werden wir doch gleich
sprechen, wenn wir nach der Diskussion noch mit einem
Glas in der Hand beisammen stehen: Wie lief es? War es
langweilig? Vielleicht zu stark definitorisch? Atmosphäre
ist, was immer Menschen zu einer bestimmten Zeit kollektiv empfunden haben.

Aber vielleicht verschließen wir damit auch gleichzeitig etwas: Vielleicht gibt es eine riesige Streuung von Empfindungen, eine Vielfalt des Spürens in diesem Raum oder
in einem Kino, die im Kern prä-linguistisch sind – und ich
sage das, obwohl ich weiß, dass dies ein sehr gefährlicher
Terminus ist. Aber was ich meine ist, dass dieses Empfinden auf eine bestimmte Art ein körperliches Empfinden
ist, Teil der Reichhaltigkeit unseres Körpers und unserer
Beziehungen. Sie haben vorhin das Schwitzen erwähnt;
unsere Körper vollziehen eine ganze Reihe solcher Aktivitäten, mal die eine und mal eine andere – aber ich will
diese Idee von William James, diese Henne-Ei-Proble-
matik, was zuerst da war, gar nicht aufzulösen versuchen.
Ich würde aber zumindest feststellen, dass wir angesichts
der kleinen Träne in meinem linken Auge oder der
Schweißperlen an meinem Hals oder solchen körperlichen
Zuständen in einem beliebigen Moment die Streuungsbrei-
te und die Vielfalt (*variation and multiplicity*) spüren können,
wie Körperlichkeit und körperliche Zustände uns verwandeln.

Linda Williams:
Ich stimme zu, dass wir beide an Veränderungen interessiert sind, denn ich untersuche eine Emotion, die Verände-

rung bringt, und Sie beschäftigen sich mit der Möglichkeit, dass Emotionen fließend sind und – wenn wir sie nicht als Emotionen bezeichnen wollen – dass also diese Erregungen zu etwas werden, das bislang noch nicht benannt worden ist.

Dorthe Staunæs:
Das ist richtig, aber ich würde noch hinzufügen, dass der Gegenstand unseres Interesses im Kontrast zu etwas anderem steht. Ich bin deshalb so stark an der affektiven Perspektive interessiert, weil es gegenwärtig eine so weit verbreitete Praxis in der Psychologie ist, positive Gefühle als einen Weg der Veränderung zu sehen. Und ich bin nicht sicher, dass es sich um den einzigen Weg handelt. Wenn ich also mit diesen Fragen beispielsweise die Positive Psychologie oder wertschätzende Ansätze untersuchen will, dann benötige ich ein begriffliches Werkzeug, welches sich von dem in diesen Ansätzen verwendeten Werkzeug unterscheidet, um eine *Verfremdung*[4] – wenn man es so nennen mag – zu erreichen. Das ist der Grund, warum ich einen Begriff brauche, der es mir gestattet, den Moment *vor* der Benennung des Gefühls zu erschließen.

Linda Williams:
Ja, das ist unmittelbar einleuchtend.

Eva Illouz:
Ich will versuchen, auf die Eingangsfrage noch eine Antwort zu geben. Ich stehe aber wahrscheinlich auf der entgegengesetzten Seite des Spektrums zwischen Affekt und

Emotion. Erstens, weil ich fürchte, dass mir die Methodologie fehlt, um mich auf den Affekt zu konzentrieren. Unsere jeweiligen Forschungsdisziplinen erhellen die Unterschiede zwischen unseren Ansätzen recht gut: Psychologen verfügen über die besseren analytischen Werkzeuge, um beispielsweise körperliche Unterschiede zu beobachten, wenn ich der Unterscheidung von Affekt und Emotion folge, die wir jetzt ausgehend von William James übernommen haben. Für meinen Teil habe ich einfach nicht diese methodischen Möglichkeiten, den Affekt genauer zu betrachten.

Aber es gibt einen zweiten, noch wichtigeren Grund und der geht zurück auf die ursprüngliche Frage nach der Ontologie: Sprechen wir über etwas Neues? Anders gesagt: Die Tatsache, dass wir über Menschen, über soziale Akteure allgemein sprechen mit Bezug auf ihre Emotionen, bedeutet diese Tatsache, dass wir Sozialwissenschaft in einer qualitativ neuen Weise betreiben?

Ich werde das nicht allgemein, sondern nur für meine eigene Arbeit beantworten: Ich glaube es nicht. Ich würde gerne glauben, dass ich etwas Neues praktiziere, aber ich kann das nicht wirklich behaupten, denn was ich betreibe, ist nur ein Teilbereich der Kultursoziologie. Mit anderen Worten: Ich glaube, dass wir es bei Emotionen mit nichts anderem zu tun haben als mit extrem kondensierter Kultur. Wenn wir emotional auf etwas reagieren, dann reagieren wir sehr schnell. Emotion ist dadurch charakterisiert, dass sie eine Art Kurzschluss zwischen einer gegebenen Situation und unserer Reaktion herstellt, eine Abkürzung schafft für eine kulturelle Reaktion auf eine Situation.

Wenn man so will, verdichten wir eine große Menge kulturellen Wissens zu einer Emotion.

Ein Beispiel: Wenn wir irgendwo anstehen und Sie sich in der Schlange an mir vorbeidrängeln und ich mich über Sie ärgere und ich deshalb mit Ärger reagiere, dann ist mein Ärger auf eine bestimmte Art ein sehr schneller, effektiver Weg, eine Vielzahl komplexer Fakten auszudrücken – die Tatsache, dass wir in einer demokratischen Gesellschaft leben, und die Tatsache, dass etwa nur weil jemand wohlhabender ist als ich oder etwa weil jemand männlich ist und ich weiblich bin, dieser Person kein Recht oder Privileg zusteht, das mir nicht ebenfalls zustünde. Deshalb ist das Anstehen in einer Schlange in unseren Gesellschaften eine demokratische Institution, und wenn ich mich ärgere, dann drücke ich ohne Nachdenken all dieses kulturelle Wissen aus.

Meine Aufgabe als Kultursoziologin von Emotionen ist es, dieses verdichtete Wissen stückweise ans Licht zu bringen, und zwar nicht nur das Wissen, sondern auch die darin enthaltenen Institutionen. Ich vermute, dass dies für viele von Ihnen absonderlich klingen wird, wenn ich sage, dass Emotionen für mich eine Art inneren Mikrokosmos bedeuten, eine Weise des Ausdrucks für Institutionen, die außerhalb des Selbst existieren.

Um also diese Frage nach dem Körper zum Abschluss zu bringen, will ich nur kurz sinngemäß daran erinnern, was Lev Vigotsky, der russische Psychologe, gesagt hat: Sich hungrig fühlen, weil man in einem feinen Restaurant sitzt und das Essen viel zu lange auf sich warten lässt, fühlt sich anders an als hungrig zu sein, wenn man arm ist und seit sechs Stunden nichts gegessen hat. Ich glaube, das ist ein brillanter Hinweis und eine brillante Art auszudrücken, dass sogar die am stärksten körperlich aufzufassenden Phänomene wie das Hungergefühl wirklich verschieden empfunden werden, man sie ganz verschieden *fühlen* kann.

Und abschließend von mir auch noch eine Bemerkung zu dem wirklich schönen Begriff, den Sie vorhin eingeführt haben, „Atmosphäre". Wir sollten wirklich über Atmosphäre sprechen! Atmosphäre erscheint auf den ersten Blick als diese ungreifbare Dimension gegenseitiger Beeinflussung, aber tatsächlich kann man sie nicht nur manchmal, sondern meistens, analytisch in ihre Bestandteile zerlegen. Erst heute Morgen habe ich mit meinen Studenten darüber gesprochen, was einen romantischen Moment ausmacht, denn was romantische Momente erzeugt, das ist eben die Atmosphäre. Es ist ganz einfach, man geht in ein teures Restaurant und da gibt es das richtige Licht und im Hintergrund hört man die richtige Musik und die richtige Atmosphäre entsteht – und alles wird romantisch. Nun frage ich: Kann man in Einzelaspekte zerlegen, was sich in dieser Atmosphäre verbirgt? Ja, natürlich kann man diese Atmosphäre auseinandernehmen und man stellt fest, dass sie zu einem großen Teil künstlich ist und aus hochgradig formalisierten Szenarien besteht, dass eine Liste vorhersehbarer Requisiten die Atmosphäre bestimmt.

Um zu Linda Williams' Frage nach dem ‚billigen Gefühl' oder dem Preis von Emotionen zurückzukommen: Sehr oft fühlen wir uns wunderbar, wenn wir das *gelebt* haben, und das sage ich ganz ohne Ironie oder Geringschätzung. Ich erinnere mich an ein Gespräch mit einem

sehr klugen Schriftsteller, den ich nach einem der roman-
tischsten Momente seines Lebens gefragt habe. Und er ant-
wortete: Ich erinnere mich, es war zu Weihnachten, wir
waren in Paris und standen unter dem Eiffelturm – und
wir küssten uns. Diese Antwort von einem Mann, der offensichtlich extrem reflektiert, sehr gebildet und kultiviert
ist, will ich in keiner Weise abwerten, wenn ich sage, dass
er in diesem Moment ein Klischee erlebt hat. Aber der
Grund, warum gerade dieses Erlebnis für ihn so eindring-
lich und besonders war, ist eben, dass es sich um ein Klischee handelte.

Scott Loren:
Die beiden Aspekte, die wir also festhalten, sind erstens
die Idee von Emotionen als Mikrokosmos der Kultur und
zweitens die Idee von Kontexten, also mit Bezug auf den
Begriff der Atmosphäre. Mir scheint, dass damit impliziert
wird, wie es auch in Ihren Arbeiten zur Ware Emotion an-
klingt, dass Emotionen das Ergebnis sozialer Prozesse sind.
Was ich dazu gerne fragen möchte: Müssen Emotionen damit konzeptionell als Fundament sozialen Verhaltens ausgeschlossen werden? Das ist die Frage nach Ursache und
Wirkung. Würden wir sagen, dass Emotionen vor allem
kulturell produziert werden? Oder eher, dass Emotionen
selbst das Fundament von Kultur bilden, dasjenige also, aus
dem Kultur entstanden ist? Wird das eine durch das andere
disqualifiziert?

Eva Illouz:
Für mich ist es eine Frage der Arbeitsteilung. Ich versuche

vorsichtig zu definieren, damit ist es zunächst einmal nur wichtig zu wissen, was man selbst tut. Ich meine, dass ich eher zu Ersterem neige, also der Auffassung bin, dass Emotionen – ohne dass dies abwertend verstanden werden soll – fabriziert werden von der Gesellschaft, von der Kultur.

Linda Williams:
Das Wort „fabriziert" macht es aber billig.

Eva Illouz:
Ich würde diese Gegenüberstellung am liebsten insgesamt fallen lassen, denn was mich wirklich interessiert, ist einfach nur die Weise, auf welche Emotionen sozial produktiv werden. Anders gesagt: Wie kommt es zu kulturellen Auswirkungen, zu sozialen Auswirkungen – wie kommt es, dass Menschen sich über Emotionen Gedanken machen?

Scott Loren:
Vielleicht kann man den Begriff des Verhandelns einführen, dass Emotionen verhandelt oder ausgehandelt werden?

Eva Illouz:
Das wäre mir auch recht. Und wenn es das ist, was einen interessiert, dann wird die Frage, was die Ursache wovon ist, überflüssig, die muss dann nicht beantwortet werden. Alles, was man tun muss, ist einfach all diese Menschen, Akteure, Gruppen anzuschauen, die sich über Emotionen oder jedenfalls über bestimmte Emotionen Gedanken machen.

Scott Loren:

Diese These würde ich gerne an Linda Williams weiter-
geben. Ich habe hier ein Zitat von dem Geografen Nigel
Thrift aus seinen Überlegungen zu einer Raumpolitik des
Affekts.[5] Er schreibt dort, dass „die technische Form moderner Medien [dazu] tendiert, Emotionen in den Vordergrund zu stellen, sowohl in ihrer Konzentration auf klar
affektive Zonen wie Gesicht oder Stimme als auch in der
Vergrößerung kleiner körperlicher Details, die sehr häufig
Emotionen kennzeichnen." Das scheint mir auch präzise
über Ihre Arbeit zu sprechen! Mit diesem Zitat vor Augen,
bis zu welchem Grade würden Sie sagen, dass Emotionen
„fabriziert" oder durch neue Technologien des Visuellen
verhandelt werden?

Linda Williams:

Nun, wir sind durch die Massenmedien natürlich alle sehr
bewandert darin, auch noch die kleinsten Details einer Ge-
sichtsregung zu interpretieren. Ich habe mit meinen Studenten gestern über die Eigenheiten des amerikanischen
Rechtssystems gesprochen, wo es anders als im Schweizer
Rechtssystem diese feindliche Auseinandersetzung vor den
Augen der Geschworenen gibt. Und wenn es eine Fernseh-
übertragung aus dem Gerichtssaal gibt, dann heften wir
uns an das Gesicht des Angeklagten oder das Minenspiel
eines bestimmten Zeugen, denn wir sind davon überzeugt,
dass wir erkennen können, ob er gerade lügt. Ich glaube
nicht, dass dies etwas ist, wozu wir nicht in der Lage gewesen wären in einer Zeit, als wir noch keine Nahaufnah-
me dieses Moments hatten. Ich glaube auch nicht, dass wir

diese Fähigkeit hätten, wenn wir in einem System leben würden, das nicht so stark von der Unterscheidung „schuldig/ unschuldig" abhinge, ohne irgendwelche Abstufungen oder Schattierungen dazwischen.

Nun lebe ich aber in einer Kultur, die wirklich fest daran glaubt, dass sie am Gesichtsausdruck von O. J. Simpson ablesen kann, ob er schuldig war oder nicht. Das können wir in Wahrheit natürlich nicht erkennen, aber unser kulturelles System ist so beschaffen, dass wir davon überzeugt sind, und unsere Technologien, angefangen vom Verfolgen des Fernsehprogramms bis hin zum genauen Analysieren von Nahaufnahmen, haben uns in dieser Überzeugung schrittweise bestärkt. Deshalb lautet meine Antwort: Ja, ich denke Emotionen manifestieren sich auf eine Art, die sie uns vertraut erscheinen und an ihre Natürlichkeit glauben lässt, aber in Wahrheit werden sie mittels verschiedener Technologien hergestellt.

Scott Loren:
Es ist interessant, dass Sie auch den Topos moralischer Gewissheit aufgeworfen haben. Ich denke dabei an Charles Taylor, der behauptet, dass es „in der Moderne für das individuelle Subjekt eine Wendung nach innen" gibt, und dass aus diesem „inward turn" eine sehr enge Verbindung zwischen Identität und Emotion entsteht.[6]

Ich würde gerne noch eine Frage an Dorthe Staunæs stellen, die sich auf ein Zitat aus einem ihrer Artikel bezieht. In ihrem Aufsatz „Self-management through shame: Uniting governmentality studies and the affective turn" schreibt sie, dass „in Management-Praktiken wie wertschätzender Führung und Steuerung [*appreciative leadership and management*] Affekte und Affektivität nicht einfach nur Begleiterscheinung oder etwas zu Überwindendes [sind], sondern der Kern der Sache, von dem ausgehend und durch den zu steuern ist".[7] Das ist eine ziemlich starke Aussage und ich habe sie deshalb hier für uns alle zitiert, um uns ins Nachdenken zu bringen über die Spielarten, in denen man über das Management von Emotionen reden kann. Eva Illouz hat ja schon das Argument vorgestellt, dass Emotionen durch Kommerz gesteuert werden, durch Handelsbeziehungen, durch soziale Codes. Würden sie eine teilweise ähnliche Position einnehmen oder eher ein andere These vertreten, die Emotion stärker mit Herrschaft oder Steuerung verknüpft?

Dorthe Staunæs:
Ich schließe mich dem an, was Linda Williams gerade sagte, denn ich habe an Folgendes gedacht: Wenn man nach Ellis Island fährt und sich das Museum zur Geschichte der amerikanischen Einwanderung ansieht, dann erfährt man unter anderem, dass man bereits vor gut hundert Jahren, wenn man in die Vereinigten Staaten einwandern wollte, verschiedenen Tests unterzogen wurde. Einer dieser Tests bestand tatsächlich darin, dass man sich Bilder verschiedener Gesichtsausdrücke anschauen musste, um zu zeigen, dass man in der Lage war, den Gesichtsausdruck zu deuten, also ob es sich um ein fröhliches oder ein trauriges Gesicht handelte. Diese Technologie hat man aus dem ursprünglichen Zusammenhang einer „Rein-oder-raus"-Entscheidung bezüglich Einwanderung auf Ellis Island

übernommen, und heute finden wir sie in Schulen oder in Unternehmen, wo wir mit verschiedenen Technologien Menschen dazu erziehen, andere Menschen zu lesen.

In dänischen Grundschulen findet man beispielsweise Curricula, die schrittweise Anleitungen dazu geben, wie man Gesichtsausdrücke interpretiert, so dass die Kinder besser interagieren. Es wird deshalb zunehmend schwierig für uns zu unterscheiden, was zuerst da war und was ein Produkt von Erziehung ist, also was natürlich und was gesellschaftlich fabriziert worden ist.

Ich bezeichne es als eine Art der Steuerung von Emotionen, ein Gefühlsmanagement oder Psy-Management, wenn Technologien aus der Psychologie oder der Psychiatrie oder der Pädagogik in verschiedenen organisationalen Kontexten verwendet werden, um Menschen dahingehend auszubilden, wie sie sich verhalten oder wie sie in gewissem Sinne lernen sollen, einander zu lesen.

Eva Illouz:
Darf ich etwas einwerfen? Mir gefällt dieser Begriff des Psy-Management außerordentlich gut. Ich will das voranstellen, weil ich denke, dass ich es noch besser verstehen möchte, denn ich denke nicht, dass Emotionen richtig zu managen sind, oder genauer gesagt: Ich denke, wir machen uns die spezifische Sichtweise von Psychologen zu eigen, wenn wir so über Emotionen und über die Beziehung zwischen Emotionen und Gesellschaft denken.

Zu den frühen Arbeiten von Arlie Hochschild gehört das bahnbrechende Buch „The Managed Heart", in dem eine Untersuchung über Flugbegleiterinnen bei der damals sehr hoch angesehenen Fluggesellschaft Delta dokumentiert wird.[8] Sie untersuchte darin die Ausbildungsmaßnahmen, mit denen diese Flugbegleiterinnen darin geschult wurden, ihre Gefühle zu kontrollieren, speziell die Methoden, mit denen sie ihren Ärger zu kontrollieren lernten, wenn sie es mit besonders schwierigen Passagieren zu tun hatten. Hochschild war diejenige, die in diesem Zusammenhang das seitdem im Bereich der Soziologie extrem erfolgreiche Konzept der Kommerzialisierung und Regulierung von Gefühlen eingeführt hat.

Ich behaupte nun, dass diese Sicht auf einer sehr simplen Ontologie beruht, auf einer Dichotomie zwischen Emotionen und Gesellschaft. Es impliziert, dass wir auf der einen Seite diese „rohen", natürlichen Emotionen haben, und dann haben wir auf der anderen Seite diese Gesellschaften, mögen es Unternehmen sein oder Filme oder ein Priester, die mir jeweils ins Ohr flüstern, was ich tun solle und wie ich meine Emotionen steuern müsse. Dagegen behaupte ich, dass es vielmehr so ist, dass verschiedene Gesellschaftszusammenhänge gleichzeitig sowohl die Emotion als auch das dazugehörige Gefühlsmanagement erzeugen – so sollten wir den Zusammenhang auffassen.

Vergegenwärtigen wir uns einmal den Menschen des Mittelalters, der in ständiger Angst vor der Hölle lebte. Die Idee der Hölle beherrschte ihre Vorstellungswelt und sie empfanden eine Art konstante Sorge und Furcht vor der Hölle. Und gleichzeitig hatten sie die mentalen und sozialen Werkzeuge, um mit dieser Furcht umzugehen, sie zu managen, nämlich durch gottgefälliges Verhalten, durch regelmäßigen Kirchgang etc. Hier sieht man also die

Gleichzeitigkeit der erzeugten Emotion und des Managements dieser Emotion.

Scott Loren:

Es taucht dann erneut die Frage nach einer zeitlichen Folge auf, hinter der sich eine Frage nach Ursache und Wirkung verbirgt. Gibt es historisch eine zeitliche Verzögerung zwischen gesellschaftlichen Veränderungen, die eine emotionale Reaktion zur Folge haben, und der Entwicklung von Werkzeugen, mit der diese Emotion gemanagt werden kann? Und damit zusammen hängt natürlich die Frage: Beginnt der Versuch, die Emotion zu managen, sofort mit ihrem Auftreten? Diese Frage nach dem Management von Gefühlsmanagement berührt auch Ihren Bereich, Dorthe Staunæs.

Dorthe Staunæs:

Ich denke, dass es auch hier eine Intensivierung gibt. Bislang ging es vielen Praktiken und Technologien für das Management von Selbst-Management vor allem um die Frage der Identität, also darum, wie das Individuum ein Held oder ein guter Mitarbeiter werden kann. Inzwischen liegt das Augenmerk aber darauf, wie wir das verstärken und weiter ausreizen können, wie man Menschen stärker motivieren und verpflichten kann. Es passiert also tatsächlich strukturell dasselbe, aber mit einer intensiveren Qualität – und das kann dann auch mit einer Erschöpfungsphase einhergehen, weil sich der Mitarbeiter nicht so schnell anpassen kann.

Chris Steyaert:

Für diesen Umgang mit Emotionen den Terminus „Management" zu verwenden, riskiert allerdings eine eher schmale oder ungenügende Sichtweise – oder vielleicht ermöglicht es uns vielmehr erst eine ganzheitlichere Definition des „Management"-Begriffes? Das ist natürlich wieder ein Henne-Ei-Problem, denn wir haben Management erfolgreich emotionalisiert, so dass wir nun umgekehrt eine Management-Perspektive auf Emotionen einnehmen können …

Aber was ich eigentlich noch hinzufügen wollte: Diese doppelte Überlagerung von „Wir erzeugen Emotionen" versus „Wir erzeugen Mittel und Wege. mit diesen Emotionen umzugehen" begegnet mir häufig, wenn ich Veränderungsprozesse in Organisationen betrachte. Da gibt es immer eine Basisebene, auf der Menschen tatsächlich versuchen, Änderungsprozesse zu kontrollieren und zu beeinflussen, wie Menschen empfinden: Es gibt bestimmte Verhaltensmuster, die eingehalten werden sollen. Aber gleichzeitig gibt es etwas, das nicht kontrolliert werden kann, und weil „Kontrolle" vom lateinischen „contra rotulus" abgeleitet ist, übersetzt „Dinge davon abhalten sich zu bewegen", ist Emotion genau das, was wir nicht kontrollieren können. Emotionen entwischen uns, sie nehmen Reißaus, sie sind viel offener, viel unabgeschlossener, und das ist der Punkt, wo diese neue Ontologie ins Spiel kommt: Obwohl wir Institutionen haben oder obwohl wir neue Formen von Selbst-Management haben, treten immer andere Reaktionen auf, die nicht ins Bild passen, und die – würde ich sagen – echte Veränderung ermöglichen, die andere Emotionen ins Spiel bringen als diejenigen, über die Menschen zu sprechen fähig sind.

Scott Loren:

Es ist natürlich eine spannende Idee, dass es tatsächlich gesellschaftliche Bereiche gibt, in denen uns solche Imperative begegnen: Es wird erwartet, dass man etwas primär emotional erlebt, und gleichzeitig wird erwartet, dass man eben diese Emotionen unter Kontrolle hat. Ist dies ein inhärenter Widerspruch?

Eva Illouz:

Ich möchte um Himmels willen nicht schon wieder die Gegenposition einnehmen müssen, aber betrachten wir zum Beispiel so etwas wie Authentizität. Authentische Emotionen erfordern in Wirklichkeit eine Menge Anstrengung – deshalb gehen Menschen häufig zum Psychologen, um diese authentischen Emotionen ans Tageslicht zu bringen, also Emotionen, die sie in sich tragen, die aber tief drinnen in ihnen verschüttet zu sein scheinen.

Dagegen glaube ich nicht, dass es Authentizität im wörtlichen Sinne überhaupt gibt. Für mich ist Authentizität eine Geschichte, die wir in der Moderne dazu benutzen, darzustellen, was es heißt, ein gutes Selbst zu haben [*to have a good self*]. Es ist genau die selbe Art Wahrnehmung, nach der beispielsweise „ein guter Christ sein" bedeutet, sich andauernd selbst zu beweisen, dass man tugendhaft ist, dass man Gottes Wort befolgt hat. Und ebenso bedeutet modern oder post-modern zu sein, andauernd an der eigenen Authentizität zu arbeiten. Wir führen uns das selbst vor und wir führen es den anderen vor, indem wir etwa zum Psychologen gehen, indem wir authentisch konsumieren, indem wir an idyllische Ferienorte fliegen, wo wir uns entspannen und ganz wir selbst sein können, indem wir Freizeitaktivitäten verfolgen usw. Authentizität ist eine Performance: Ein Künstler bietet seine eigene Authentizität dar, führt sie dem Publikum vor. Ganz anders gehen etwa japanische Künstler vor, die auch großartige Kunst produzieren, aber nicht diesen Ansatz des authentischen Selbst kennen. Sie sind eher an einem handwerklichen Ideal orientiert, sie üben als Künstler sehr differenzierte Fertigkeiten aus. *Moderne* Künstler setzen die Authentizität ihrer Gefühle als ein Mittel ein, um künstlerisch produktiv zu werden – und das ist es, was ich mit „darbieten" [*perform*] meine, dass Authentizität ein Mittel ist, ihr Selbst darzubieten.

Mit Selbstkontrolle verhält es sich genau so: Man übt Kontrolle über sein Selbst aus, man praktiziert Selbstkontrolle, als eine Darbietung [*performance*], deren Zweck darin begründet liegt, dass wir uns selbst und für andere zeigen, dass wir unser Selbst mit Vernunft mäßigen können, dass wir uns wirklich selbst managen und zwischen unseren Emotionen navigieren können.

Wenn man so über Emotionen denkt, dann lässt man das andere Modell hinter sich. Man muss dann nicht behaupten, dass es etwas von innen gibt und etwas anderes, das von außen kommt und uns in die Lage versetzt, diese inneren Zustände zu kontrollieren. Man verabschiedet sich komplett von dieser Unterscheidung zwischen Innen und Außen und kann sowohl Authentizität als auch Selbstkontrolle verstehen als Ausdruck dessen, was es heute bedeutet, ein Selbst zu haben.

Linda Williams:
Ich knüpfe an Eva Illouz' Beschreibung von Authentizität an. Je mehr wir nach Authentizität suchen, desto mehr stellen wir wahrscheinlich selbst her, was wir als authentisch fühlen wollen. Ich schreibe zur Zeit an einem Buch über die Fernsehserie *The Wire* und in dieser Serie geht es vor allem um Charaktere, die einander ständig fragen – nicht befehlen, sondern wirklich fragen –, ob man „sie fühlen" könne, wörtlich: „Fühlst Du mich?" Das ist so eine umgangssprachlich verkürzte Rede, die eigentlich sagen will: „Ich bin authentisch und du musst mich fühlen, dann können wir uns einig werden, wenn du gewissermaßen sehen kannst, was meine Emotion ist."

Wir leben in einer Kultur, in der fortwährend von uns verlangt wird, dass wir authentische Emotionen zeigen. Das finde ich problematisch, um nicht zu sagen: verdächtig. Aus meiner Sicht ist dabei nicht nur Management, sondern oft Manipulation im Spiel, und ich bin ganz besonders an der Macht von Melodramen interessiert, der am stärksten manipulativen Form, der wir fast immer erliegen. Denn ich weine, ich lache nicht nur, sondern im Kino weine ich auch, wenn alle anderen weinen, und ich fühle mich manipuliert, wenn das der Fall ist. Aber mir wird gleichzeitig klar, dass ich mich mir gar nicht außerhalb einer Kultur vorzustellen vermag, die mich zu Tränen rühren muss, um den Eindruck zu vermitteln, dass man sich hinreichend um alles sorgt. Wenn ich also einen Verdacht habe, dann bin ich mir vor allem selbst verdächtig, denn ich erliege der Manipulation, und das mag eine deutliche Abwertung des Gefühls sein, aber ich sehe trotzdem nicht, wie man dieser Manipulation entkommen soll.

Scott Loren:
Noch eine eher sozialkonstruktivistische Frage: Unterscheiden sich Emotionen von einer Kultur zur anderen?

Dorthe Staunæs:
Ja, sie unterscheiden sich sogar von einem Kontext zum anderen innerhalb derselben Kultur. Ich musste gerade an ein Spiel denken, das die Schulkinder spielen, wenn sie etwas Positives über die anderen Mitschüler sagen müssen. Eine meiner Kolleginnen hat dabei einmal in einer Schulklasse Folgendes beobachtet: Die Kinder sollten eine positive Sicht auf eines der anderen Kinder entwickeln, und es fiel ihnen nichts ein. Aber sie mussten etwas finden, es musste etwas Positives sein, und am Ende sagten sie: „Oh, du bist wirklich gut darin, dich zu melden!" Was war passiert? Das Positive und die positiven Gefühle hatten eine andere Schattierung erhalten. Die Kinder hatten verstanden, dass „positiv" nicht nur eine bestimmte und fixe Sache ist, sondern dass es verschiedene Ebenen von Möglichkeiten gibt. Und jemandem zu sagen, dass man wirklich „gut" darin sei, den Finger zu heben und sich zu melden – hmmm, damit ist auch ohne Worte noch anderes gesagt. Um es also noch einmal zu betonen: Emotionen und Affektivität differenzieren sich ständig und sind ganz stark verbunden mit allem, was um sie herum stattfindet.

Scott Loren:

Nachdem wir nun verschiedene Positionen vorgestellt haben und einzelne Aspekte diskutiert haben, zum Abschluss eine ganz pragmatische Frage: Was können die Studierenden hier im Raum, die ja in ihrem künftigen Berufsleben mit Situationen wie den hier angesprochenen konfrontiert sein werden, heute Abend von unserer Diskussion mitnehmen? Was ist für die Praxis wichtig, wie kann das hier Diskutierte uns praktisch weiterhelfen?

Dorthe Staunæs:

Wenn ich beginnen soll, dann kann ich mit Blick auf den Kurs, den ich hier an der Universität St.Gallen unterrichte, vor allem sagen: Wir haben immer wieder besprochen, dass Emotionen eine Realität sind, seien wir also auf der Hut! Aus der Perspektive meiner Disziplin und meines Forschungsgebietes heißt das: Sie werden allen diesen verschiedenen Technologien des Affekts begegnen, und Sie brauchen eine Methode, um sie zu analysieren und zu verstehen, um sie sehr gründlich zu analysieren und sehr sorgsam anzuwenden – denn es entstehen leicht unbeabsichtigte Folgen aus ihrer Anwendung. Aber Sie werden diese Technologien nicht vermeiden oder ignorieren können, deshalb brauchen Sie auch eine ethische Perspektive auf das, was dabei genau passiert oder passieren kann. Das wäre meine dringendste Empfehlung.

Eva Illouz:

Was Sie gesagt haben, Dorthe, würde ich sofort und aus ganzem Herzen unterschreiben. Ich selbst werde etwas an-

deres vorschlagen, auch wenn ich Ihre Empfehlung sehr
mag.

Meine Empfehlung heißt: Weniger fühlen [*Feel less*]!
Das ist meine Kernbotschaft. Weniger fühlen, und zwar in
dem Sinn, wie wir von Anfang an hier auf dem Podium
darüber gesprochen haben, in dem Sinn, dass wir zu stark
um unsere Emotionen besorgt sind, dass wir zu oft versuchen, Emotionen rational zu steuern. Deshalb geht meine
Kernaussage auch in Richtung Intuition, die momentan
besonders in der kognitiven Psychologie erforscht wird
und sich vermutlich auch schon in der Management-The-
orie niedergeschlagen hat. Ich versuche zu rehabilitieren,
was kognitive Psychologen die Intuition nennen, intuitives
Urteilsvermögen.

Denn ich glaube, dass ganz viel von der in Emotionen
steckenden Weisheit – wenn man es Weisheit nennen will,
was in Emotionen steckt – von unserer hyper-rationalisti-
schen Kultur erdrückt zu werden droht, in der man Emotionen managen und steuern will. Deshalb wiederhole ich
nochmal: Weniger fühlen! Und gemeint ist: Denken Sie
weniger über Ihre Emotionen nach und vertrauen Sie stattdessen mehr auf Ihre Intuition.

Chris Steyaert:
Dem könnte ich natürlich zustimmen, aber ich würde
trotzdem nicht so weit gehen zu sagen „fühlt mehr" oder
„fühlt weniger". Stattdessen würde ich vorschlagen, dass
Sie versuchen darauf zu achten, welche anderen Gefühle Sie haben können, als nur diejenigen, die von Ihnen
erwartet werden – im Arbeitsumfeld, in einer intimen

Beziehung, während eines romantischen Abendessens in Paris oder ähnlichen Situationen. Denn ich bin überzeugt davon, dass Emotionen enorme Kräfte innewohnen. Wir haben heute Abend nur wenig darüber gesprochen, aber wenn wir uns einige der jüngsten politischen Revolutionen ansehen, dann erkennen wir, dass diese durch eine Art affektive Ansteckung ausgelöst wurden. Ich würde gern vorschlagen, dass wir uns darauf einlassen, die alternativen Möglichkeiten von Affekt ein bisschen näher zu untersuchen, und mein praktischer Ratschlag lautet: Bewegen Sie Ihren Körper, probieren Sie Ihren Körper aus, statt sich nur auf die Wahrnehmung von Emotionen oder die Diskursivität von Emotionen zu konzentrieren. Denn wie heute Abend schon gesagt worden ist, Ausdrucksfähigkeit und Darbietung sind immer körperlich verankert und wir wissen immer noch viel zu wenig, wozu unsere Körper in der Lage sind. Wir sind sehr auf das Sitzen geeicht, und vielleicht sollte ich noch kurz den Dadaisten Richard Huelsenbeck zitieren, der gesagt hat: Es ist sehr riskant, sein ganzes Leben lang auf einem Stuhl zu sitzen, weil man dabei Gefahr läuft, die eigenen Emotionen tiefzugefrieren. Im Sitzen kristallisieren Sie ihre Gefühle in einem Zustand, in dem Sie sich nur sehr begrenzt selbst zum Ausdruck bringen können. Lassen Sie uns deshalb einfach die Stühle und auch gleich die Tische entfernen, so dass wir uns bewegen können, am besten wir bewegen uns zu etwas, das uns alle bewegt.

Linda Williams:
Soll das heißen, wir gehen jetzt zum gemütlichen Teil des

Abends über? Dann fasse ich mich kurz. Aber einen Ratschlag habe ich sowieso nicht. Mich hat sehr beeindruckt, was Dorthe über die Ethik von Emotion gesagt hat, aber ich bin nicht ganz sicher, was ich damit nun machen soll. Ich kann keine Ratschläge geben, das stünde mir auch unter gar keinen Umständen zu, aber ich denke, wir müssen uns noch intensiver mit dieser Sache beschäftigen, die wir Affekt nennen, weil sie sich ändern kann – während Emotionen eher etwas kulturell Verfestigtes sind.

Anmerkungen

1   Die Diskussion fand unter dem Titel «Feel it! The Management of Emotions» in englischer Sprache am 9. November 2011 im Großen Senatssaal der Universität St.Gallen als Herbst-Podium der Haniel Seminars-Reihe statt. Felix Seyfarth besorgte die Transkription und die Übersetzung, die Jörg Metelmann im Rahmen der Textredaktion überarbeitet und Timon Beyes nochmals durchgesehen hat. Der Diskussionsverlauf wurde für die hier vorgelegte Lesefassung geringfügig gekürzt.

2   P. T. Clough (Hrsg.): The Affective Turn. Theorizing the Social. With a foreword by Michael Hardt. Durham and London 2007.

3   R. Rorty: Kontingenz, Ironie und Solidarität. Frankfurt am Main 1991.

4   Im Original auf Deutsch.

5   N. Thrift: Intensities of feeling: Towards a spatial politics of affect, in: M. Greco/ P. Steiner (Hrsg.): Emotions. A Social Science Reader. London and New York 2008, hier: S. 185.

6   Vgl. hierzu C. Taylor: Quellen des Selbst. Die Entstehung der neuzeitlichen Identität. Frankfurt am Main 1994, besonders Teil II: Innerlichkeit.

7   H. Berg/ D. Staunaes: Self-management through shame: Uniting governmentality studies and the affective turn, in: *Ephemera* 11 (2) 2011, S. 138–156, hier: S. 139.

8   A. Hochschild: Das gekaufte Herz. Zur Kommerzialisierung der Gefühle. Erweiterte Neuausgabe. Frankfurt/Main und New York 2006.

II. Ökonomie und Organisation

Gefühle nutzbar machen – oder: Der Mensch fühlt, und der Staat lenkt wieder

Uwe Jean Heuser

> Civilization advances by extending the number of operations we can perform without thinking about them.
>
> (Die Zivilisation kommt voran, indem sie die Zahl der Operationen erhöht, die wir erledigen können, ohne über sie nachzudenken.)
>
> Alfred North Whitehead, 1911
> Britischer Mathematiker und Philosoph

Neue Hoffnung auf den Staat? Tatsächlich gibt es die. Je mehr Verhaltensökonomen über uns herausfinden, über die Rolle von Emotionalität und Intuition auch bei harten wirtschaftlichen Entscheidungen, desto öfter entstehen in der Ökonomie neue Einfallstore für den Staat. Möglicherweise kann er tatsächlich dabei helfen, die Schwächen der Menschen als langfristige Entscheider auszugleichen.

Als Ansatz dafür eignet sich kaum ein Verhaltensmuster besser als der Reiz des Augenblicks, des sofortigen Genusses. Vielfach ist dieser Reiz dokumentiert: All jenes hat für Menschen eine besondere Bedeutung, das sie jetzt und hier haben oder kaufen können. Evolutorisch gesehen ist es auch sinnvoll, dass ein eigener Reiz von dem ausgeht, was man sieht und was greifbar ist. Auf der Jagd oder allgemein im Existenzkampf mit der Natur zählt das deutlich mehr als alle Erwartungen. Ökonomisch allerdings führt es zu Entscheidungen, die vielen Menschen im Nachhinein selbst nicht recht sind.

Sie wollen mehr sparen – und kaufen dann doch das Auto mit mehr PS. Sie wollen nicht mehr soviel Schokolade essen, nicht mehr soviel Bier trinken und nicht mehr soviel Fernsehen – und landen dann doch wieder mit den Kalorien auf der Couch. Mithin sind sie im Moment, in dem es zählt, zu Opfern und zu Preisen bereit, die sie bei distanzierter Betrachtung kaum akzeptierten.

Das Jetzt zählt besonders viel. So kommt es, dass Menschen zehn Euro heute elf Euro morgen vorziehen, aber ihre Wahl genau anders herum treffen, wenn sie vorsorglich entscheiden sollen für die Zeit in einem Monat oder einem Jahr. Dann zählt der Unterschied um einen Tag kaum noch, der um einen Euro dagegen schon.

Der Harvard-Ökonom David Laibson erklärt das so: Wenn eine Abwägung innerhalb der Zukunft getroffen werden soll, geht alles rational zu, aber wenn der Vergleich zum Jetzt ansteht, kommen Emotionen ins Spiel. Deshalb sind Menschen bei kurzfristigen Entscheidungen oft ungeduldig, während sie auf die lange Sicht gesehen viel Geduld an den Tag legen.

Weil sich daraus eine bestimmte Form der Abzinsungskurve über die Zeit ergibt, nennen er und seine Kol-

legen das Konzept auch „Hyperbolisches Diskontieren" –
und finden im Abgleich mit der Wirklichkeit, dass es besonders viele reale Spar- und Konsumdaten erklärt.[1]
Einschließlich der Tatsache, dass vor allem in den USA viele Verbraucher hohe Schulden über ihre Kreditkarte aufnehmen. Genieße jetzt und zahle später, ist die Botschaft
der Karte, und die kommt an. Sie aktiviert quasi zwei unterschiedliche Bewertungssysteme. Man bekommt, was
man begehrt, mit dem hohen Wert des Jetzt. Und das Opfer dafür, die Bezahlung, kommt mit dem deutlich niedri-
geren Wert des Später ins Spiel. Laibson und Co. haben den
besonderen Stellenwert der kurzen Frist sogar in Zahlen
geschätzt. Ihr Ergebnis: 40:4. Die Diskontrate für Entscheidungen über die ganz kurze Frist liegt demnach bei rund
vierzig Prozent, die für langfristige Abwägungen bei etwa
vier Prozent. Letztere Zahl ist auf Höhe der Zinsen am Ka-
pitalmarkt, man könnte sie als rational bezeichnen. Erstere
Zahl müsste man dort „Wucher" nennen.

Das ist die Basis für Richard Thaler. Der Verhaltensökonom
der liberalen Chicago-Universität ist vor Jahren angetreten,
den Paternalismus zu rehabilitieren. Thaler hat früh erforscht, wie sich Menschen im Umgang mit der Zeit in innere Widersprüche verwickeln. Daran setzte er dann an.[2]
    Arbeitnehmer in den USA sorgen fürs Alter vor allem
mit so genannten 401(k)-Plänen vor, die über das Unternehmen laufen. Sie sparen einen Prozentsatz ihren Gehaltes, können zwischen Risikoklassen wählen und der Staat
gewährt Steuervorteile. Mehrheiten unter den Jobbern sagen, sie wollten da mehr oder überhaupt etwas tun – um

sich dann doch nicht zu überwinden. Auch dort, wo der
Arbeitgeber jeden einbezahlten Dollar mit eigenen Mitteln
aufstockt, nicht selten um fünfzig Prozent, bleiben die Mitarbeiter unter ihren finanziellen Möglichkeiten. Sie können selbst entscheiden, wie viel Kapital sie einsetzen, und
ihr Kapital jederzeit straffrei wieder herausziehen – dort
würde es sich in jedem Fall lohnen, bis zur Obergrenze der
Förderung mitzuziehen. Trotzdem hält sich oft die Mehrheit der Belegschaft fern, und das wohlgemerkt nicht, weil
sie jeden Dollar Gehalt für den täglichen Bedarf braucht.
Zahlungen in Höhe von 1,3 Prozent ihres Jahresgehaltes
würden die Angestellten auf diese Weise durchschnittlich
in den Wind schießen, hat eine Untersuchung von Betrie-
ben ergeben – und dem Arbeitgeber Geld schenken. Selbst
nachdem die Mitarbeiter eigens über die Gelegenheit informiert wurden, die sie da verpassen, stiegen die Beiträge
nicht an.[3]

Grund genug für Richard Thaler und seinen Partner
Shlomo Benartzi, in einem Chicagoer Unternehmen ein
reales Experiment zu veranstalten, dem sich noch zwei
weitere Firmen anschlossen.[4] Die Forscher entwickelten
den „SmarT-Plan": kein Konsumverzicht heute, Verfügbar-
keit des Kapitals zu jeder Zeit, schnelle Steigerung der Beiträge.[5] Zur Einzahlung kamen nur Lohnerhöhungen der
Zukunft – die aber fast vollständig, bis eine vorab verabre-
dete maximale Sparquote erreicht wurde. Dadurch sollte
der Reiz des Augenblicks ausgeschaltet und trotzdem eine
hohe Altersvorsorge erreicht werden. Und, so die Idee,
wenn es dann später zur Einzahlung käme, würden die
Mitarbeiter ihren Einzahlungen nicht nachtrauern, weil

diese Beträge noch nicht auf dem mentalen Konto „Konsum" eingegangen waren. Nominal ging ihr Gehalt ja auch nicht zurück, sondern stieg noch ein wenig. Das Resultat: Drei Viertel der Mitarbeiter nahmen an dem Programm teil, und nach der ersten Lohnerhöhung stiegen nur zwei Prozent wieder aus. Alle anderen fühlten anscheinend keinen hohen Verlust und blieben beim neuen Status quo. Am Ende hat sich die Sparquote der Teilnehmer vervierfacht. Das Bemerkenswerte: Niemand war zu seinem Glück gezwungen worden.

Bei den meisten 401(k)-Plänen erhalten die Mitarbeiter lediglich Informationen und Anträge zur Altersvorsorge. Eine Deadline gibt es nicht. Man muss also aus eigenen Stücken aktiv werden, die Anträge ausfüllen und damit zum Personalbüro gehen. Was, wenn man auch diese Vorgaberegel in Feldexperimenten ändert? Die Idee dahinter: Man dreht die Rahmensetzung einfach um. Alle Mitarbeiter nehmen automatisch teil – sofern sie sich nicht von dem Programm abmelden. Ein bestimmter Prozentsatz vom Gehalt fließt in eine Basisversion der Geldanlage – sofern sie auch das nicht eigenhändig anders bestimmen. Was sich also ändert, ist der Status quo. Früher mussten Mitarbeiter tätig werden, um vorzusorgen, nun müssen sie es, um nicht vorzusorgen. Das ist auch nicht unrealistisch, denn einige US-Unternehmen sehen ohnedies die automatisierte Teilnahme vor.

Wie der SmarT-Plan wirkt auch diese Maßnahme nachhaltig. In einzelnen Fällen wird dadurch die Teilnahme mehr als verdoppelt, im Durchschnitt der Untersuchungen steigt sie von unter 50 Prozent auf über 70 Prozent. Freilich bietet sich noch eine dritte Rahmensetzung an, die mittlere sozusagen. Dabei geben die Arbeitgeber nichts vor, sondern zwingen ihre Mitarbeiter durch Ankreuzen zur eigenen Entscheidung: Nehmen Sie teil oder nicht? Auch dadurch erhöht sich die Teilnahme erheblich, aber doch deutlich weniger als durch das automatisierte Mitmachen.

Wie kann es sein, dass ein neuer Rahmen zu solch großen Veränderungen führt, wenn es doch um die finanzielle Lebensplanung geht? Man könnte annehmen, dass die Arbeitnehmer in dem Fall ihre Optionen ausloten. Doch so manche Entscheidung – vor allem so manche weit reichende und komplexe, mithin anstrengende und unsichere Wahl – wird gar nicht erst getroffen, wenn man nicht dazu gezwungen wird.

Das alles ist der Beginn eines Erkenntnisprozesses, nicht sein Ende. Zum Beispiel lernt man, dass neben der Anzahl der Teilnehmer auch die Wahl der angebotenen Vorsorgeoptionen eine große Rolle spielt. Eine Feldstudie über die automatische Teilnahme in mehreren Firmen weist es aus: Ja, der Prozentsatz der vorsorgenden Mitarbeiter sprang nach oben, auf 85 Prozent. Aber vier Fünftel der Teilnehmer akzeptierten einfach das Basismodell, das automatisch galt, wenn sie nicht bewusst eine andere Wahl trafen. Dieses Basismodell sah in der Regel vor, dass nur ein geringer Prozentsatz des Gehaltes hineinfloss und dafür sichere Festgeldfonds gekauft wurden. Unter dem Strich ist die Studie ernüchternd: Die Sparrate war insgesamt gar nicht höher als in anderen Unternehmen. Positiv war nur, dass sich die Spartätigkeit gleichmäßiger verteilte. Weil am unteren Ende der Sparskala mehr Menschen teilnahmen, reduzierte sich die zu erwartende Altersarmut ein wenig.[6]

Die Intuitionen der Menschen gelten weiter, auch wenn man durch andere Rahmensetzung eine Hürde überwindet. Und genau deswegen beginnt das Lernen erst. Jeder kleine Anreiz, den man setzt, jede auch unbewusste Vorgabe kann unerwartete Wirkungen erzeugen und eventuell den ganzen Erfolg ins Gegenteil verkehren. Das ökonomische Spiel mit der Psyche ist faszinierend und gefährlich zugleich. Mehr Wahlfreiheit und mehr Wahlaktivität fördern nicht automatisch die Wohlfahrt. Wer sie fordert, muss schon noch sagen, wohin sie führen sollen. Und auch noch so gut gemeintes Staatshandeln kann die Menschen in die falsche Richtung lenken. Der Staat muss sich aller Effekte bewusst sein, die er durch seine Kommunikation und seine gesetzliche Rahmensetzung erzeugt.

Der neue Paternalismus hat durchaus Bedeutung über ein Land (USA) und ein Gebiet (Altersvorsorge) hinaus. Deutschland hat seine Bürger auf die private Altersvorsorge eingeschworen, und die Zahl der Verträge zur staatlich geförderten „Riester-Rente" schnellen nun nach oben, nachdem sich Jahre lang eher wenig tat. Ohne dass es den deutschen Reformern bewusst war, hatten sie beim Design und in der Kommunikation des Ganzen etliche Rahmen gesetzt, die zu ändern waren.

Die neuen Paternalisten besetzen auch längst weitere Felder. Überall wo der Staat eine automatische Standardlö-

sung vorgibt, von der die Menschen nur durch aktives
Handeln wegkommen, entsteht ein besonderer Einfluss. So
entdeckten Forscher ein Beispiel in den beiden benachbar-
ten US-Staaten New Jersey und Pennsylvania. Beide Staaten
bieten den Autofahrern die Wahl zwischen einer Versiche-
rungspolice mit unbeschränktem und einer mit beschränk-
tem Rechtsschutz. Der Unterschied: In Pennsylvania gilt
die Police mit unbeschränktem Rechtsschutz als automatische Vorgabe, in New Jersey die andere. Und die meisten
Menschen folgen dieser Vorgabe, so dass im einen Staat
rund 80 Prozent unbeschränkt versichert sind, im anderen
nur 30 Prozent. „Viele Menschen sind bestrebt, aktive Entscheidungen zu vermeiden, selbst wenn es um Leben und
Tod geht"[7], schreibt der Entscheidungsforscher Gerd Gigerenzer dazu.

Auch dort, wo viele Menschen mit Problemen der
Selbstkontrolle kämpfen, ergeben sich Argumente für die
Einflussnahme.[8] Wie lange soll das Rückgaberecht bei großen Anschaffungen währen, wenn es überhaupt eines gibt
– oder soll man gar die Bestätigung nach 24 Stunden vor-
schreiben, sonst ist der Kauf in der Hitze des Moments
nichtig? Sollte man die Verkäufer von Lotterietickets verpflichten, die geringe Wahrscheinlichkeit eines Gewinns
sichtbar anzugeben und wie auf Zigarettenpackungen zu
warnen? Sollte man Rauchern sogar eine Lizenz für mehrere tausend Euro abverlangen, die Käufer dann in Form
von Zigaretten zurück erhalten?

Schon zu Beginn des vergangenen Jahrzehnts empfah-
len einige Verhaltensökonomen einen neuen Paternalismus.[9] Öffentliche Eingriffe in die Wahlfreiheit sind dem-

nach unproblematisch, „wenn sie große Vorteile für diejenigen schaffen, die Irrtümer begehen, und geringste oder keine Nachteile für diejenigen, die ganz rational handeln". Hier könne man also nahezu kostenfrei einen hohen zusätzlichen Nutzen stiften, erklären die Autoren. In solchen Fällen sprechen Ökonomen auch von einem „Free Lunch".

Aber: Vorsicht vor „Free Lunches"! Als Daumenregel ist Milton Friedmans Merksatz, es gäbe sie nicht, sehr sinnvoll. Meistens, wenn uns versprochen wird, ein Staatseingriff (oder auch ein Investment) hätte nur positive Wirkungen, können wir uns des Gegenteils schon gewiss sein.

Und tatsächlich: Sogar selbstlose Politiker machen Fehler, oft sogar solche wie die, die sie gerade beheben wollen. Wir können den Menschen helfen, ihren eigenen Interessen besser zu folgen, sagen die neuen Paternalisten. Unmerklich, müssten sie noch dazu sagen. Und in diesem „unmerklich" liegt ebenso die Gefahr wie die Faszination der neuen Einsichten.

Aber das Muster ist klar: Seine Emotionalität macht den Menschen in ökonomischen Entscheidungen mitunter vorhersagbar – und lenkbar. Nicht jeden Einzelnen natürlich, aber doch einen Teil der Gruppe oder der Nation. Und das ist zu verlockend, als dass Politiker es nicht versuchen würden. Schon deshalb muss die Diskussion um die neuen verhaltensökonomischen Erkenntnisse breit und öffentlich geführt werden.

Anmerkungen

1   G.-M. Angeletos/ D. Laibson/ A. Repetto/ J. Tobacman/ S. Weinberg: The
     Hyperbolic Consumption Model: Calibration, Simulation, and Empirical Eva-
     luation, in: *Journal of Economic Perspectives* 15 (3) 2001, S. 47–68.
2   R. Thaler: The Winner's Curse. Paradoxes and Anomalies of Economic Life.
     Princeton 1994, S. 92–106.
3   J. Choi/ D. Laibson/ B. C. Madrian: $100 Bills on the Sidewalk: Suboptimal
     Saving in 401(k) Plans. NBER Working Paper 11554, August 2005.
4   U. J. Heuser: Libertärer Paternalismus, in: *Merkur* 61 (1) 2007 (Nr. 693), S.
     56–62.
5   Vgl. R. Thaler und S. Benartzi: Save More Tomorrow: Using Behavioral Econo-
     mics to Increase Employee Saving, in: *Journal of Political Economy* 112 (1) 2004, S.
     164–187.
6   J. Choi/ D. Laibson/ B. C. Madrian/ A. Metrick: For Better or Worse: Default
     Effects and 401(k) Savings Behavior, in: D. Wise (Hrsg): Perspectives in the
     Economics of Aging. Chicago 2004, S. 397–421.
7   G. Gigerenzer: Bauchentscheidungen. Die Intelligenz des Unbewussten. Mün-
     chen 2007, S. 197.
8   C. Sunstein und R. Thaler: Libertarian Paternalism is not an Oxymoron, in: *The
     University of Chicago Law Review* 70 (4) 2003, S. 1159–1202.
9   Vgl. C. Camerer et al.: Regulation for Conservatives: Behavioral Economics and
     the Case for „Asymmetric Paternalism", in: *University of Pennsylvania Law Review*
     151 (3) 2003, S. 1211–1254.

Wie fühlen sich Zahlungsversprechen an?
Impressionen aus den digitalen Emotionsratgebern
der Finanzbranche

Markus Lange, Christian von Scheve

Kapitalanleger und das Ideal vom rationalen Entscheiden

Finanzielle Entscheidungen sind das Rückgrat jeder kapi-
talistisch geprägten Gesellschafsform. Sie sind permanent
zu treffen, ebnen den Kauf und Verkauf von Waren und
Dienstleistungen und ermöglichen dadurch die Befriedi-
gung von Bedürfnissen sowie die Reproduktion des ökonomischen Systems. Eine idealtypische und alltäglich prakti-
zierte Herangehensweise an dieses Handlungsproblem ist,
die Entscheidung in einem Prozess herbeizuführen, der
vor allem durch die Maxime der Rationalität gekennzeichnet ist. Beim bevorstehenden Kauf eines Fernsehers könnte
das wie folgt aussehen: Ausgehend von dem Wunsch, die
Qualität der eigenen medialen Versorgung zu verbessern,
nimmt man sich die Zeit, Qualitäten ebenso wie Angebote
zu sichten und zu vergleichen sowie Prioritäten zu entwickeln. Langsam aber sicher zeichnet sich eine Entscheidung ab, wobei immer mehr Menschen angesichts der

Fülle der zur Verfügung stehenden Informationsangebote und Vergleichsportale im Internet vermutlich eher langsam zu einer Entscheidung finden. Gestützt vom mühsam angeeigneten Wissen und dem Abwägen gut durchdachter Alternativen erscheint diese Entscheidung umso rationaler. Am Ende wird sie deswegen vermeintlich kühl und gelassen getroffen. Erfüllen sich die Erwartungen dann auf dem heimischen Sofa, tritt Wohlbefinden ein: Der Aufwand hat sich gelohnt.

Eine Gruppe von Menschen wird gern als Prototyp des rationalen Entscheiders angesehen: Kapitalanleger. Einerseits sind dies private Akteure, die Gewinne durch den Handel mit Finanzprodukten wie Aktien, Währungen oder Rohstoffen erzielen wollen. Andererseits zählen dazu professionelle Händler, die die Kapitalanlage als Beruf und angestellt bei einem Geldinstitut ausüben. Besonders rational soll der Finanzmarkthandel unter anderem deswegen sein, weil allen Akteuren gleiche und transparente Informationen vorliegen, zum Beispiel Aktienkurse. Im theoretischen Modell des effizienten Marktes führt dies zu einem ständigen Gleichgewicht zwischen Angebot und Nachfrage, so dass am Ende niemand Gewinne erzielt. Die Realität sieht anders aus: Enorme Gewinne und Verluste sind charakteristisch für Finanzmärkte. Und den Akteuren fällt es schwer, diesem Prototyp zu entsprechen, weil sie unter anderen Voraussetzungen handeln als der Fernsehkäufer. Die soziologische Systemtheorie[1] verdeutlicht dies: Das Handeln mit Finanzprodukten ist ein Handeln mit Zahlungsversprechen. Zahlungen werden in die Zukunft projiziert (zum Beispiel bei Termingeschäften), wobei die Zukunft jedoch nicht vorhersehbar, sondern im besten Fall kalkulierbar ist. Zudem wird in der Regel Geld gegen Geld beschafft. Beim Aktienhandel fallen daher die spezifischen Bedürfnisse von Konsumenten, die physischen Güter sowie die daraus ableitbaren Qualitäten nicht mehr ins Gewicht.

Dies hat Konsequenzen für das Miteinander der handelnden Akteure. Es entstehen komplexe, wechselseitige Beobachtungen, die wiederum Entscheidungen über das Kaufen oder Verkaufen beeinflussen. Und: Elektronische Handelssysteme vernetzen eine schier unüberschaubare Anzahl von Käufern und Verkäufern miteinander, die zumeist anonym bleiben. Wer in diesem Umfeld zum Zug kommen will, muss vor allem eine Kunst beherrschen: die des schnellen Entscheidens. Diese Rahmung wirtschaftlichen Handelns auf modernen Finanzmärkten ist deshalb eine radikale Form der von Frank H. Knight geprägten Ungewissheit.[2]

Radikale Ungewissheit führt wiederum zu scheinbar irrationalen Phänomenen wie etwa dem „Flash Crash" vom Mai 2010. Innerhalb von wenigen Minuten fiel der US-amerikanische Dow-Jones-Index um 1.000 Punkte. Fast ein dreiviertel Jahr währte die Suche nach den Ursachen für diesen ungewöhnlichen Zusammenbruch. Letztendlich war es vermutlich der Tippfehler eines Händlers im so genannten Hochfrequenzhandel[3], der einen von Verlustängsten und Panik geprägten Herdentrieb der übrigen Händler ausgelöst und damit die Abwärtsspirale in Gang gesetzt hat.

Vor allem aufgrund der Kombination von radikaler Ungewissheit und erforderlicher Schnelligkeit sind Emoti-

onen ein ständiger Begleiter der Arbeit von Kapitalanlegern, wie die einschlägige sozial- und verhaltenswissen-
schaftliche Grundlagenforschung zeigt.[4] Schließlich sind
Emotionen, so lehren uns evolutionspsychologische Schriften, als ein adaptives Verhaltenssystem in unsicheren Um-
gebungen entstanden, die schnelles Handeln erfordern.[5]
Zugleich finden Emotionen aber auch als Motive, etwa in
Gestalt von Angst oder Gier, Eingang in die Entscheidungsprozesse der Anleger. Aber wie fühlt es sich für die Akteure von Finanzmärkten an, wenn sie mit Zahlungsversprechen handeln? Wie gehen sie mit den eigenen und den
Emotionen anderer um? Und welche emotionsbezogenen
Ziele und Strategien verfolgen sie dabei? In diesem Beitrag
möchten wir einige Antworten auf diese Fragen geben.
Dazu haben wir Ratgeberartikel von professionellen Kapitalanlegern für Kapitalanleger analysiert und dabei insbesondere Emotionen in den Blick genommen. Diese Beiträge erlauben einen vergleichsweise unverfälschten Einblick
in die kulturellen Praktiken des Emotionsmanagements in
der Finanzbranche, die wir hier dokumentieren.

Online Ratgeber: Die Deutungsmacht der „Experten"

Um die Bedeutung von Emotionen im Handel mit Zahlungsversprechen näher zu untersuchen, haben wir uns
eine Situation zu Nutze gemacht, die typischerweise auf-
tritt, wenn viele Menschen mit vergleichbaren Handlungs-
problemen konfrontiert sind: Experten treten auf die Bild-
fläche und müssen um ihren Rat nicht lange gebeten wer-

den. So existiert für den Handel mit Finanzprodukten eine breit gefächerte Ratgeberliteratur, die die Wege durch die Ungewissheit ebnen soll. Und natürlich wird auch das Internet in all seinen Sphären voll ausgeschöpft: Die einfache Abfrage „Emotion Trading" über die Suchmaschine Google offenbart ein breites Spektrum von Blogs, Netzwerken und Informationsportalen, in denen veröffentlicht, diskutiert und empfohlen wird, wie denn nun mit Emotionen im Finanzmarkthandel am besten umzugehen sei.

Um unsere Fragen zu beantworten, haben wir uns auf eines der umfangreichsten und beliebtesten Portale für Expertenratschläge im Internet konzentriert, die Seite *About.com*. Dieses Internetportal, das zur *New York Times Company* gehört, ist eine frei zugängliche Informationsplattform, die über eine große Anzahl thematisch sortierter Kanäle nahezu die gesamte Bandbreite des menschlichen Daseins mit Ratschlägen von „Experten" – den „About.com Guides" – abdeckt. Wir haben uns unter anderem für diese Informationsplattform entschieden, weil die Rat gebenden Experten ein Bewerbungsverfahren bei den Betreibern der Seite durchlaufen müssen, um Ratschläge veröffentlichen zu können. Auf diese Weise soll ein Mindestmaß an Kompetenz sichergestellt werden. Zudem sind üblicherweise die beruflichen Lebensläufe der Ratgeber einsehbar. Über entsprechende Suchabfragen haben wir schließlich 48 Artikel identifiziert, die sich mit der Rolle und Bedeutung von Emotionen beim Finanzmarkthandel auseinandersetzen. Diese Artikel stammen von zehn Experten, die allesamt erfahrene professionelle Finanzmarkthändler sind bzw. waren, so dass eine gewisse Expertise gegeben ist.[6]

Emotionen: Ingredienzen des Handels

Finanzmärkte sind in der Vergangenheit oft als Paradebei-
spiel rein rationaler Gefüge deklariert worden, die weitgehend frei von Emotionen operieren und auch operieren
sollten. Aus sämtlichen von uns analysierten Beiträgen geht
hervor, dass diese Sicht auch der Vergangenheit angehört:
„Emotions are the name of the game with trading", wie von
einem Tageshändler formuliert wird.[7] Zwar lassen die Artikel klar erkennen, dass das Einholen von Informationen,
rationales Abwägen von Vor- und Nachteilen sowie detail-
lierte Analysen von Risiken zentrale Bestandteile der Tätigkeit eines Anlegers sein sollten. Zugleich werden Emotionen
jedoch als inhärenter und bisweilen sogar „natürlicher" Bestandteil dieser Prozesse anerkannt. Damit bröckelt zunächst
einmal die Vision eines rein logischen, ausschließlich an
„kühlen" und rationalen Prinzipien orientierten Entscheidens: „To apply pure logic to an emotional animal such as
the world's [financial; Anm. d. Autoren] markets and do
so with a cool conviction can be a very difficult task." So
besteht weitgehend Einigkeit darüber, dass Emotionen in
der alltäglichen Handlungspraxis nicht eliminierbar sind.
Ein Ratgeber wünscht den Lesern dann auch lakonisch viel
Glück bei dem Versuch, dieses Ziel zu erreichen. Der erfolgreiche Händler ist sich hingegen des Einflusses von Emotionen auf seine oder ihre Entscheidungen voll und ganz
bewusst: „Professional traders know that their emotions are
going to affect their trading whether they like it or not."
      Zwei der prominentesten Gefühle sind dabei offenbar
Angst und Gier, die von den Experten als Kernbestandteile

des Handels angesehen werden und dementsprechend immer wieder Erwähnung finden. Angst und Gier werden dabei vorwiegend den Handelnden selbst zugeschrieben. Jedoch bleibt der Zusammenhang zwischen beiden Emotionen weitgehend unklar: Zum einen wird Gier als ein der Angst entgegengesetztes Gefühl angesehen, wobei eine Balance zwischen beiden als möglich und wünschenswert dargestellt wird. Zum anderen wird in den Ratschlägen deutlich, dass sich Händler grundsätzlich im Konflikt zwischen diesen zwei Emotionen befinden, besonders wenn der optimale Zeitpunkt gesucht wird, um „Positionen zu beenden" und „Gewinne einzufahren". Eine ähnliche Selbstbezogenheit findet sich auch in den Beiträgen zu Freude und Traurigkeit. Demgegenüber stehen Emotionen wie Panik oder Euphorie, mit denen eher auf die Stimmung des Marktes als ein Kollektiv verwiesen wird.

Nicht zuletzt stellen sich auch konkrete körperliche Reaktionen während des Handelns ein. Neben nahezu stetig erregten Gemütern und einem andauernden Nervenkitzel wird dies für die Experten vor allem in Ausnahmesituationen deutlich, „when your heart is pounding and sweat is streaming down your face". Physischer und psychischer Stress gehören demnach ebenso zum Handel wie Schmerz, der sich vor allem bei bevorstehenden Verlusten einstellt: „Holding losing trades until the pain is just too much to bear". Zusammenfassend lässt sich festhalten, dass eine emotionslose „Coolness" insgesamt als schwer erreichbar dargestellt und Emotionen eher die Rolle von Stör- statt Erfolgsfaktoren zugeschrieben wird.

Emotionale Störfaktoren

Aus nahezu jedem von uns analysierten Beitrag geht hervor, dass Emotionen dem erfolgreichen Handel mit Finanzprodukten nicht dienlich seien. Starke emotionale Phasen korrespondieren in den Darstellungen im Positiven wie im Negativen mit dem jeweiligen Gewinn-Verlust-Verhältnis. Drohende Verluste lösen jene „natürlichen" Reaktionen aus, die auch aus anderen Handlungskontexten bekannt sind: „ [...] the natural reactions to a losing trade are panic and sadness [...]". Aber auch als Input für die Entscheidungsfindung sind sie aus Sicht der Ratgeber schädlich. Vor allem die Angst und die Gier werden hier zu Hauptangeklagten für den finanziellen Ruin gemacht: „Both emotions are forex trading account killers [forex trading = Devisen- bzw. Geldhandel; Anm. d. Autoren]".

Die Angst vor Verlusten wird aufgrund ihrer präventiven Schutzfunktion zwar als durchaus nützlich dargestellt, führe jedoch in den meisten Fällen zu fehlerhaften Entscheidungen. Entweder wird eine Position zu früh aufgelöst, so dass Gewinne verschenkt werden, oder es entsteht eine gänzliche Handlungsblockade. Gier nach höheren Gewinnen hat einen ganz ähnlichen Effekt, nur mit anderen Vorzeichen. Ein zu langes Verweilen in einer Position ist gefährlich, weil aufgrund des Verlangens nach Profit und ohne Rücksicht auf Verluste versucht wird, den Wendepunkt zum Beispiel eines Aktienkurses zu erreichen, was jedoch meistens nicht gelingt. Zu gierig zu sein bedeutet: „[...] we will start doing things even when we know that we should not." Konsequenzen der Gier sind den Ratgebern zufolge oft ein von Panik oder Stress dominierter Handel, der erst recht zu hohen Verlusten führt.

Emotionen führen aus der Sicht der Ratgeber somit insgesamt zu unvernünftigen und unkontrollierten Entscheidungen, die Irrationalität anstatt der rationalen Logik des Wissens und der Erfahrung widerspiegeln. Getreu dem Motto „Der Markt hat immer Recht" besteht jedoch auf Seiten der Händler vor allem der Wunsch, diesem rationalen Entscheidungsideal zu entsprechen. Als „Gegner" wird deshalb nicht der Markt, sondern unreflektierte und unkontrollierte Emotionalität wahrgenommen: „The enemy is not market fluctuations, but rather, unchecked emotion."

Vom Wert des fröhlichen Handels

Diese Sicht auf Emotionen als „Störfaktoren im Entscheidungsprozess" dominiert klar die von uns untersuchten Online-Ratgeberbeiträge. Von einigen Experten wird aber auch betont, wie wichtig die Freude beim Handel ist und welche motivierenden Effekte Emotionen bewirken können. So schafft die Gier nach Geld, wie von einem Ratgeber beschrieben, überhaupt erst die Leidenschaft, zu handeln und sich den Wirrungen ungewisser Finanzmärkte zu überlassen. Der Erfolg, der selbstredend in der Vermehrung von Geldwerten gesehen wird, führt die Händler dann in positive Gemütslagen: „It can give you a feeling of empowerment, a feeling of being wide awake, and a feeling of control." Diese Sphäre ist, so findet sich in einem Beitrag, beim Handel durch die Kombination aus „menta-

ler Energie", „Intelligenz" und der „elektrischen Kraft des
Computers" erreichbar. Genau dann, so lautet die Empfehlung, sollten der Handelstag beendet und offene Positionen
geschlossen werden. Und genau dann ist es auch legitim,
positive Emotionen wie Zufriedenheit und Stolz auf das
Geleistete zu empfinden und sich als „master of the market" in den Feierabend zu verabschieden.

Zusammenfassend lässt sich der „fröhliche" Handel
mit Finanzprodukten mit Blick auf die analysierten Beiträge auf eine zwar trivial klingende, aber gleichwohl auch
widersprüchliche Formel bringen: Die „guten" Emotionen
sollten den Handel und die Entscheidungen antreiben,
„schlechte" Emotionen sind grundsätzlich zu vermeiden.
Einerseits sollten Emotionen Entscheidungen nicht vernebeln, andererseits wird der Wunsch deutlich, Gewinne
und Verluste gleichermaßen „fühlen" zu wollen. Für einen
der Ratgeber mündet dies in der schlichten Aufforderung
zum „happy and healthy trading!"

Auf den Spuren des Emotionsmanagement

Entsprechend der vorherrschenden Perspektive auf Emotionen als Störfaktoren im Entscheidungsprozess findet sich
in den Ratgeberbeiträgen eine Vielzahl von Empfehlungen,
wie mit Emotionen umzugehen ist. Aus dem breiten Spektrum stellen wir im Folgenden nur einige exemplarische
Ratschläge vor, die sich besonders häufig finden.

Benjamin Grahams „Mr. Market"

Durchgängig zeigt sich, dass die Emotionsratschläge Bestandteil der allgemeinen Tipps zum erfolgreichen Handeln für Kapitalanleger sind. Und so wird das „Emotionsproblem" auch mit in der Branche gängigen Faustregeln angegangen. Eine davon lautet „günstig kaufen, teuer verkaufen" oder wie ein Experte es formuliert: „[…] buy when there's blood running in the street and sell when everyone is pounding at your door, clawing to own your equities."

Eine weitere von den Experten angesprochene Regel ist die Allegorie des „Mr. Market" in Benjamin Grahams „The Intelligent Investor" (Graham ist interessanterweise ein bekannter Kritiker der These vom effizienten Markt).[8] In diesem Gedankenspiel ist Mr. Market Ihr Geschäftspartner. Jeden Tag klopft er an Ihre Tür und möchte Ihnen seine Unternehmensanteile verkaufen. Sie haben die Wahl und natürlich nimmt es Ihnen Mr. Market nicht übel, wenn Sie ihn ignorieren. Aber am nächsten Tag ist er wieder da und damit werden seine „emotionalen Probleme" offenkundig – er ist ein „emotional wreck", wie es einer der Ratgeber formuliert. Einerseits ist er exzessiv euphorisch und restlos überzeugt vom Wert des Unternehmens und bietet Ihnen dann einen guten Preis für seine Anteile. An anderen Tagen scheint er verstimmt und niedergeschlagen, seine Angebote liegen dann weit unter Wert. Der *reale* Wert des Unternehmens hat sich jedoch in der Zwischenzeit nicht geändert, lediglich die Stimmung von Mr. Market. Aus dieser Allegorie leiten einige der Ratgeber die typischen Eigenschaften des professionellen Kapitalanlegers ab: Die Entscheidung zu kaufen oder zu verkaufen liegt stets beim Handelnden selbst und ein guter Händler ist, wer sich nicht aus der Fassung bringen lässt und den „emotional roller coaster" der anderen zu seinem eigenen Vorteil nutzt.

Emotionen ignorieren oder beherrschen

Eine in den Beiträgen nicht weit verbreitete, aber dafür umso eindeutigere Empfehlung lautet, Emotionen gänzlich von Entscheidungen auszuschließen oder zu ignorieren. Einer Expertin zufolge zeichnet sich der professionelle Investor gerade dadurch aus, vor allem die Fakten zu sehen „and [to] base decisions only on information, never on emotion". Ein anderer Experte, selbst Rohstoffhändler, merkt mit Blick auf die Emotionen Angst und Gier an: „A successful commodity trader will ignore both of these emotions and use a more structured means of taking profits." So reich die Beiträge an Hinweisen und Aufforderungen sind, Emotionen aus dem Entscheidungsprozess zu verbannen, so arm sind sie angesichts konkreter Strategien, wie diese Emotionsregulation erfolgreich praktiziert werden kann. So wird überwiegend empfohlen, den Umgang mit Emotionen zu erlernen, weil sie sich schließlich nicht gänzlich „ausschalten" ließen. Ohne ein erfolgreiches Emotionsmanagement ist der Händler dem Markt gnadenlos ausgeliefert: „If you don't learn to master your emotions, the market will have its way with you and spit you out, pure and simple."

Ein weiterer Ratschlag gibt sich von der Populärkultur und wissenschaftlicher Erkenntnis gleichermaßen inspiriert: „To be a better investor, study behavioral finance, and watch more *Star Trek*." Dieser Expertin geht es vor allem um die Aneignung von Wissen aus unterschiedlichen Quellen. Die Anspielung auf den emotionslosen und stets rational handelnden Charakter „Spock" aus der Film- und Fernsehserie *Star Trek* würde sich lohnen, um die alte Sicht der Wirtschaftstheorie zu verstehen – und sie anschließend zu verwerfen. Das Kontrastprogramm wären dann die neueren Perspektiven der Verhaltensökonomie, die den Emotionen durchaus eine gewisse Funktionalität in Entscheidungsprozessen zuschreiben und deren Erkenntnisse der eigenen Praxis somit förderlich sein könnten.

Die rationale Persönlichkeit

Für die meisten Experten scheint es am wichtigsten, die richtige Persönlichkeit zu entwickeln, um trotz der Emotionen rationale und logisch durchdachte Entscheidungen treffen zu können. Wie genau dies erreicht werden kann, bleibt allerdings in vielen Beiträgen vage. In diesem Zusammenhang häufig genannt werden bestimmte Persönlichkeitseigenschaften wie Selbstvertrauen, Selbstkontrolle, Geduld und Disziplin, die der Regulation von Emotionen dienlich sein sollen. Für die Ratgeber liegt auf der Hand, dass diese Persönlichkeitseigenschaften das Treffen optimaler Entscheidungen begünstigen und so Gewinne herbeiführen können: "Learning to use logic and go against the normal feelings you have can guide your day trading to becoming very professional in nature". Zudem wird oftmals prophezeit, dass gerade in panischen Märkten derjenige die Nase vorn hat, der rationale Entscheidungen trifft. Diese Logik scheint mitunter als einfaches Gegenteil vorhandener und unlogisch anmutender Emotionen verstanden zu werden, denn „doing the opposite of what you feel means doing what you have been trained for and what is logically right".

Die Stimmung des Marktes beobachten und verinnerlichen

Die Beobachtung des Marktes und vor allem der allgemein herrschenden Stimmung am Markt ist für die Experten ein wichtiger Aspekt. Die Ratgeber empfehlen, hierüber Informationen einzuholen, auch im direkten Austausch mit anderen Händlern. Es sei von Vorteil zu wissen, ob der Markt „gut" oder „schlecht" gestimmt ist, denn daraus würden sich unmittelbar Handlungsalternativen ergeben. Ein Experte empfiehlt, stets das Gegenteil von dem zu tun, was der Markt „fühlt". Herrscht Angst am Markt und werden viele Positionen verkauft, so ließe sich Erfolg damit erzielen, gegen den Markt zu handeln und Werte zu kaufen. Auch bei erlittenen Verlusten sollte die Orientierung an der Stimmung des Marktes nicht aufgegeben werden. Die Einsicht, dass andere auch verlieren und dies zum normalen Tagesgeschäft gehört, kann dazu beitragen, die eigene Angst zu überwinden. Überhaupt steht das Lernen aus gemachten Fehlern bei den Guides hoch im Kurs: „There is

no such thing as a perfect trader [...] The key to survival
is what you learn."

Algorithmen als Allheilmittel

Viele dieser Auseinandersetzungen um das Motto „How to
beat your emotions" enden mit einer Rückbesinnung auf
die ersten Unterrichtsstunden für Kapitalanleger. Werkzeuge – vor allem elektronische – für den Handel werden
ebenso benötigt wie ein guter Handelsplan. Darin festge-
schrieben sind unter anderem das Investmentkonzept sowie die Investitionsziele, die sogenannten „stop loss/ take
profit orders", also die Grenzmarkierungen, an denen der
Handel zu beenden ist und an denen eine Bewertung zu-
rückliegender Käufe und Verkäufe erfolgen soll. Zudem
wird ein Terminplan empfohlen, der Auskunft über die
aktiven Handelszeiten gibt. Richten sich die Kapitalanleger
nach dem Handelsplan, und da sind sich fast alle Ratgeber
einig, kann man das Emotionsproblem in den Griff bekommen und der gewünschte Profit stellt sich ein: „Professional traders will follow their trading system regardless
of what emotions they are experiencing, and this allows
them to consistently make a profit in market conditions
that amateur traders lose money in." Neben der Handels-
simulation zu Übungszwecken wird zudem empfohlen,
Computerprogramme beziehungsweise die diesen Pro-
grammen zu Grunde liegenden Algorithmen handeln zu
lassen, denn auf diese Weise ließen sich Emotionen zur
Gänze aus dem Entscheidungsfindungsprozess ausschlie-

ßen. Paradoxerweise wird dieser vollständige Verzicht auf Emotionen hier jedoch auch als problematisch bewertet. Setzen alle Händler auf die Karte der Algorithmen oder treten spontane Marktfluktuationen auf, reagieren die Algorithmen suboptimal – ihnen fehlt das intuitive Bauchgefühl der Emotionen, die als eine Art Frühwarnsystem dienen können.

„Cooling-off"

Nach dem erfolgreichem Handel, bei starken Marktturbulenzen, aber auch in Situationen, die durch Panik, Angst oder Stress gekennzeichnet sind, verordnen die Experten ein sehr pragmatisches und striktes Emotionsrezept: die Unterbrechung des Handelns als Periode des Abkühlens, des „cooling-off". Dies können wenige Sekunden oder Minuten zum Durchatmen sein, für einen Spaziergang oder um sich einfach wieder „gut zu fühlen", so die Experten. Ebenso werden aber auch ein bis mehrere Tage empfohlen, um Abstand zum Markt und zum Handel zu bekommen und sich emotional zu beruhigen: „Without this cooling-off period, you would look at the markets for the next setup with eyes filled with emotion."

Fazit

Wir haben einen kurzen und bei weitem nicht vollständigen Einblick in die kulturellen Praktiken des Emotionsmanagement von Finanzmarktakteuren gewährt, wie er sich uns durch die Analyse von Online-Ratgebern erschlossen hat. Zusammenfassend können wir festhalten, dass die praktische Bedeutung emotionaler Handlungsmomente einen wichtigen Bestandteil der Ratschläge von Seiten professioneller Händler ausmacht. Daraus wiederum lässt sich ableiten, dass Emotionen offenbar ein weit verbreitetes Handlungsproblem unter privaten wie professionellen Kapitalanlegern ausmachen. Die daraufhin entwickelten Empfehlungen der Experten sprechen eine vergleichsweise einheitliche Sprache: Emotionen werden in erster Linie als Störfaktoren im Handel bewertet, die optimale – und in diesem Sinne gewinnmaximierende – Entscheidungsprozesse behindern und daher gebändigt werden müssen. Andererseits – und dies ist paradox an unserem Befund – werden Emotionen aber auch als wichtige Motive und Informationen gepriesen, die den Händler bei Laune halten und als Bauchgefühle und Intuitionen vor ungewöhnlichen Gefahrensituationen warnen können.

Interessant erscheint uns auch die Differenzierung zwischen selbst empfundenen bzw. geradezu erlittenen Emotionen einerseits und den „dem Markt" zugesprochenen Emotionen andererseits. Zunächst ist die Tatsache bemerkenswert, dass der Gesamtheit aller (anderen) Marktteilnehmer ein geradezu kollektives Emotionsempfinden unterstellt wird. Zudem ist interessant, dass das singuläre Abweichen von diesen Kollektivgefühlen mit einem kompetitiven Vorteil einhergehen sollte – als handele es sich bei den Ratschlägen um eine Art „Geheimwissen", mit dem man in der Lage sei, sich der Mehrheit der fühlenden

Marktteilnehmer zu entziehen und dadurch einen Vorteil zu erlangen.

Zudem stellen wir fest, dass sobald es um das konkrete Zusammenspiel von Emotionen und finanziellen Entscheidungsprozessen geht, die Ratschläge auffallend vage bleiben. So wird das Wechselspiel zwischen Angst und Gier zwar wiederholt thematisiert, aber kaum näher hinsichtlich möglicher Regulationsstrategien beleuchtet. Auch der Verweis auf bestimmte Persönlichkeitseigenschaften, die dem Emotionsmanagement und dem erfolgreichen Handel zuträglich sein sollen, kann nur schwer als Ratschlag umgesetzt werden. Diese Reproduktion eines vergleichsweise klassischen Emotionsverständnisses kann einerseits kaum verwundern, spiegelt es doch eine seit der Antike zu beobachtende Tendenz wider, Emotionen in und mittels ihrer Opposition zu Verstand und Ratio zu verstehen.[9] Andererseits kann diese konservative Sicht aber auch mit Erstaunen zur Kenntnis genommen werden, da neuere psychologische und verhaltensökonomische Forschungen durchaus den adaptiven Charakter von Emotionen bei finanziellen Entscheidungen hervorheben.

In jedem Fall aber geben die Online-Ratgeber einen lohnenswerten und vielversprechenden Einblick in die kulturellen Praktiken des Umgangs mit Emotionen in dieser ansonsten vom vermeintlich rationalen Kalkül dominierten Branche. Das Potenzial ethnografischer Studien verdeutlicht auch der Beitrag eines Experten, der ein durch die Medien verzerrtes Bild des Wertpapierhändlers beklagt: „Traders can live healthy, enjoyable, and stress-managed lives – forget what you see on television or in movies!"

Anmerkungen

1 D. Baecker: Womit handeln Banken? Eine Studie zur Risikoverarbeitung in der Wirtschaft. Frankfurt/Main 2008 [1991]; N. Luhmann: Die Wirtschaft der Gesellschaft. Frankfurt/Main 1988, S.116 ff.

2 F. H. Knight: Risk, uncertainty and profit. Mineola (New York) 2006 [1921].

3 Der Hochfrequenzhandel ist eine computergestützte, automatisierte und daher hoch umstrittene Form des Handels mit Finanzprodukten.

4 Für einen Überblick siehe: M. Berezin: Exploring emotions and the economy: new contributions from sociological theory, in: *Theory and Society* 38 (4) 2009, S. 335–346.

   Verhaltensökonomen zeigen z. B., dass Emotionen im Tagesverlauf fluktuieren, nach dem erfolgreichen Handel positiv konnotiert und Erfolge sich selbst, Misserfolge der Unberechenbarkeit des Marktes attribuiert werden. Siehe: P. Andersson/ R. Tour: How to sample behaviour and emotions: a psychological approach and an empirical example, in: *The Irish Journal of Management* 26 (1) 2005, S. 92–106.

   Soziologen beschäftigen sich z. B. mit der Frage, wie Vertrauen dazu beiträgt, der Unsicherheit im Finanzsektor zu begegnen. Siehe: J. Pixley: Emotions in Finance. Distrust and Uncertainty in Global Markets. Cambridge 2004.

5 L. Cosmides/ J. Tooby: Evolutionary Psychology and the Emotions, in: M. Lewis/ J. M. Haviland-Jones (Hrsg.): Handbook of Emotions. New York 2000, S. 91–115.

6 http://www.about.com; Nach eigenen Angaben besuchen ca. 60 Millionen US-amerikanische Nutzer die Seite pro Monat. 83 Prozent der Nutzer stimmen zu, dass About.com ihnen Zugang zu Experten für die jeweils interessierenden Themengebiete ermöglicht. 93 Prozent schätzen die Experten als sachkundig und vertrauenswürdig ein. Die Experten sind freiberuflich tätig und werden anteilig über die Werbeeinnahmen der Seite bezahlt. Auf Basis der Suchabfragen "emotion financial market" und "emotion trading" haben wir insgesamt 48 für unsere Analyse relevante Artikel identifiziert.

7 Alle im Folgenden aufgeführten englischen Zitate stammen aus den Artikeln der Experten.

8 B. Graham: The intelligent investor. New York 2003 [1949].

9 J. Elster: Emotions and Rationality, in: A. S. Manstead/ N. H. Frijda/ A. Fischer (Hrsg.): Feelings and Emotions. New York 2004, 30–48.

Stolz und Scham
Organisationen als *die* Identitätsproduzenten

Günther Ortmann

1.

„Identität" ist, der unnachahmlich lapidaren Definition
Odo Marquards[1] zufolge, „die Antwort auf die Frage, was
einer ist". Das ist *in praxi* keine Frage wie in „Was ist die
Hauptstadt von Papua Neuguinea?" oder „Wie viel ist neun-
mal Neun?". Praktische Antworten versorgen uns nicht so
sehr mit Informationen als vielmehr mit – Anerkennung.
Gegeben werden sie in der Form performativer Sprechakte.
Das sind solche, die eine Wirklichkeit nicht beschreiben,
sondern schaffen. „Hiermit erkläre ich euch zu Mann und
Frau" ist das Standardbeispiel für solche Sprechakte. Mit
Blick auf Identität mögen die Performative lauten: „Gut gemacht!", „Du bist zuständig", „Mit dir würde ich gern zu-
sammenarbeiten", „Das ist dein Job". Oder, in der förmli-
chen Sprache der Organisation: „Hiermit befördere ich Sie
zur Abteilungsleiterin!" Oft, versteht sich, genügt für die
Anerkennung ein Blick, ein Schulterklopfen, eine Tat, die
wir sprechen lassen. Resultat ist nicht nur die *Information*,
dass, sondern vor allem die *Anerkennung*, dass ich es gut ge-

macht habe respektive es zum Abteilungsleiterin gebracht habe, und daher: Stolz – oder aber, im negativen Fall, Frustration und Scham. Stolz und Scham hat der Psychologe Thomas Scheff[2] als die primären sozialen Emotionen bezeichnet – sozial, weil sie von (den) Anderen herrühren und Auswirkungen auf die sozialen Beziehungen haben. Der Kommunikationswissenschaftler Jo Reichertz[3] erblickt sogar die wichtigste Funktion der Kommunikation darin, dass sie Identität stiftet – *stiftet*, zu Stande bringt (nicht nur beschreibt oder zum Ausdruck bringt). Eben das nennt man einen performativen Effekt, und man sieht nun: Dies alles betrifft die Macht der Gefühle Stolz und Scham.

2.

Scheff[4] hat überzeugend argumentiert, dass, verblüffend genug, selbst die pragmatistische Sozialpychologie eines G. H. Mead den für sie so ausschlaggebenden Prozess des *role taking*, und damit des Verstehens des Anderen, als rein kognitive Angelegenheit behandelt hat. Dass die in der Interaktion statthabende soziale Überwachung Gefühle des Stolzes oder der Scham evoziere, und dass die Operation, genannt „Verstehen" des Anderen, ergo: jedwedes Interagieren und Kommunizieren, nicht nur kognitiven Konsens, sondern auch eine wie auch immer variable Art von emotionalem „attunement" – Resonanz und Einklang – erfordere, das werde dabei einfach ignoriert. Scheff[5] postuliert daher in Anknüpfung an Durkheim ein „deference-emotion system in which conformity to exterior norms is

rewarded by deference and the feeling of pride, and non-
conformity is punished by lack of deference and feelings
of shame." *Deference*, ein von Erving Goffman[6] entlehnter
Begriff, meint dabei jene Art von Achtung oder gar Ehrerbietung, welche die Akteure einander in der und durch die
Interaktion erweisen (oder auch verweigern). Goffman[7]
spricht auch von gegenseitiger Bestätigung („reciprocal
ratification") des Anderen als legitimer Teilnehmer. Weder Durkheim noch Goffman widmen Scheff zufolge der
psychologischen Seite dieses Bestätigungs-Emotions-Sys-
tems genügend Aufmerksamkeit. Erst wenn man das tue,
werde die Funktion der Emotionen als soziales Band voll
sichtbar. Wenn auch selbst Scheffs psychologische Vertie-
fung noch unvollständig bleibt, insofern er andere wichtige Emotionen (zum Beispiel Angst) und die Genesis und
die kulturelle Vielfalt einschlägiger Emotionen weitgehend
ausklammert, wie auch die Genesis und Vielfalt jener Normen, die da der Konformität bedürfen, so erlaubt sein Theorierahmen doch ein erheblich reicheres Verständnis von
Interaktion, Kommunikation und Kooperation als die übli-
chen kognitionslastigen Erklärungen. Das gilt auch für die
Interaktion, Kommunikation und Kooperation *in Organisati-*
onen, die durch ihre Normen in hohem Maße die Kriterien
für Stolz und Beschämung und die Handlungsmöglichkei-
ten zum Erwerb von Achtung und Missachtung liefern und
in denen *communities of practice* wichtige soziale Orte bilden,
an denen eine *reziproke Ratifikation* der Interaktions-/ Kom-
munikations-/ Kooperationspartner, ihre Anerkennung als
legitime Partizipanten, statthaben kann.[8]

3.

Bisher war die Rede von Kommunikation und Anerkennung in Organisationen, zwischen *individuellen* Akteuren. Schon dafür sind Organisationen besonders wichtige Orte, weil dort wichtige Bezugspersonen, Interaktions- und Kommunikationspartner/innen anzutreffen sind. Der nächste Schritt ist es anzuerkennen, dass Organisationen, aufgefasst als *korporative* Akteure, selbst kommunizieren und anerkennen. Mehr noch: Die performativen Sprechakte *der Organisationen*, daher auch die *von ihnen* in Wort und Tat ausgesprochenen Anerkennungen – und, im negativen Fall, Missachtungen und Herabsetzungen – sind mit viel größerer Wirkmacht ausgestattet als diejenigen individueller Akteure.

Eines ist die Anerkennung, die von Anderen als Individuen ausgesprochen oder entzogen wird, ein anderes die, welche *von der Organisation* zugebilligt oder verweigert wird. Selbstverständlich kann die Organisation nur durch ihre Mitglieder sprechen und handeln. Diese aber sind dann durch die Organisation dazu autorisiert, sprechen und handeln insoweit für die und im Namen/ in Vertretung/ in Repräsentation und mit der ganzen Autorität und Reputation der Organisation, und vor allem hat die auf diese Weise erwiesene Anerkennung oder zugefügte Herabsetzung ungleich stärkere, nämlich organisatorische Wirkungen – im positiven Fall etwa in Form einer Beförderung, einer Prämie, der Erhöhung von Karrierechancen, der Verbesserung des Standings und des Status. Dementsprechend stärker sind auch die emotionalen Wirkungen

– der Stolz und respektive die Scham, die resultieren – und
die Befestigung oder Erschütterung der Identität der Organisationsmitglieder.

Um die hohe Relevanz – und Zwieschlächtigkeit! – eines Stolzes anzudeuten, der auf den Wegen *organisationaler*
Anerkennung erworben und immer wieder neu gefestigt
wird: Stolz auf die eigene Leistung haben auch die Ingeni-
eure von *Total* empfunden, weil sie – vor der Küste von
Angola – mit als Erste die technischen Probleme gelöst haben, die bei den – ökologisch sehr bedenklichen[9] – Tief-
seebohrungen nach Öl auftreten.

Fazit bis hierher: 1. Kommunikation stiftet Identität; 2. Or-
ganisationale Kommunikation ist dabei besonders wichtig;
3. Organisationen sind die wirkmächtigsten „Geber" respektive „Nehmer" von Anerkennungen oder aber Missachtungen und Herabsetzungen, daher die wichtigsten
Produzenten von Identität, und dies alles via Stolz oder
aber Scham; und nun: 4. Organisationen funktionieren in
weithin unterschätztem Maße auf der Basis dieser sozialen
Emotionen.

4.

Das hat Thomas Klatetzki[10] am für Organisationen so essentiell wichtigen Fall des *rule following* so formuliert: Es
„wird die Regelbefolgung [...] in Organisationen nicht wesentlich – und schon gar nicht vorrangig – durch formale Sanktionen sichergestellt. Vielmehr werden die Regeln

zum einen auch dann befolgt, wenn keine Sanktionen offensichtlich sind. Zum anderen sind formale Sanktionen zu langsam, schwerfällig und teuer. Sie sind dementsprechend nicht in der Lage ubiquitär regeladäquates Handeln zu sichern. Im Gegensatz zu formalen Belohnungen und Bestrafungen funktioniert das Emotion Deference System fortlaufend [...]." Es ist kaum überspitzt zu sagen, dass dies nach einem einigermaßen radikalen Umbau derjenigen Theorie verlangt, die das Verhältnis von Individium und Organisation erklärt – einer Theorie, die tief im *common sense* verankert ist, und die in der Barnard-Simon'schen Fassung Anreiz-Beitrags-Theorie heißt: Die Organisationsmitglieder leisten Beiträge für die Organisation, weil sie durch Anreize dazu bewegt werden. Und umgekehrt: Die Organisation gewährt die Anreize, damit die Mitglieder die Beiträge leisten. Das ist ein glatter Tausch, und selbstverständlich beruht die Leistungsbereitschaft der Mitglieder in hohem Maße darauf. In Sachen ‚Anerkennung' aber kann das nicht funktionieren. Das *deference-emotion system* arbeitet nicht auf Tauschbasis.

5.

Anerkennung und gar Achtung und Ehrerbietung können nur *gewährt*, sie können nicht verkauft oder nicht gekauft werden. Anerkennung und Achtung, die mir zuteil werden, weil ich dafür bezahlt habe, sind eben dadurch entwertet, wertlos. Sie können nicht im Wege des *Tauschs*, sondern nur *als Gabe* gegeben und empfangen werden – ohne dass dabei auf den Nutzen geschielt wird. Das affiziert auch diejenige Anerkennung, die Organisationen ihren Mitgliedern entgegenbringen. Sofern sie, à la Anreiz-Beitrags-Theorie, nur um des Nutzens der Gegenleistung (der Beiträge) willen gegeben wird, nur im Zuge eines Anreiz-Beitrags-Tauschs, erleidet sie eben jene Entwertung, so ähnlich wie das (allzu kalkulierte) Lob in „Haben Sie heute ihr Kind schon gelobt?".

Aber die Anerkennung gilt doch in Organisationen meistens der Leistung? Das bestreite ich nicht, sondern mache nur darauf aufmerksam, dass wir es dabei mit zwei Arten von Reziprozität zu tun haben, die wir sorgfältig unterscheiden müssen: eben Tausch einerseits, Gabe andererseits.[11] Die Leistung *als Tauschobjekt* kann problemlos von der Anreiz-Beitrags-Theorie behandelt werden. *Als Objekt der Anerkennung*, Achtung und Ehrerbietung muss sie als Gabe behandelt werden, der Anerkennung als Gegengabe gebührt – um ihrer selbst willen, nicht um des Nutzens willen, den sie zu ziehen ermöglicht. (Das Kind muss gelobt werden, *weil* es sich des Lobes als würdig erwiesen hat, nicht, *damit* es tut, was es tun soll.) Anerkennung ist, wohlverstanden, keine Mohrrübe, kein Zuckerbrot.

6.

Die identitätsstiftende Wirkung von Kommunikation in Organisationen und der Anerkennung durch Organisationen ist daher um so stärker, je weniger sie sich einer auf den Nutzen bedachten Kalkulation verdankt. Dann aber zehren

Organisationen durchaus davon, haben sie Nutzen davon, sogar großen Nutzen. Das ist eine paradoxale Konstellation. Der Nutzen ist umso größer, je weniger Anerkennung und Achtung darauf aus waren. Er besteht nämlich in erhöhter Loyalität und Leistungsbereitschaft, die insoweit ihrerseits nicht als Tauschobjekte, sondern als Gegengaben gegeben werden.[12] Man kann sagen: Davon zehren Organisationen als Parasiten der Identitätsbedürfnisse und der je bilateralen, immer schon statthabenden Identitätsproduktionen ihrer Mitglieder. Es ist dies eine Kraftquelle, die in Organisationen immer schon sprudelt, auch ohne, gerade ohne formale Vorkehrungen, ohne weiteres Zutun der Organisation. Die Leistungen der Organisationsmitglieder können also unter zwei distinkten Gesichtspunkten gesehen werden: als Beiträge, die im Tausch gegen Anreize geleistet werden, und als Gegengaben, mit denen Anerkennung und Achtung erwidert werden. In praxi hat man es da immer mit Mischungen aus Tausch und Gabe zu tun. Soweit es sich um Gaben und Gegengaben handelt, fallen Leistungen im Zuge des Anerkennungsstrebens und der Identitätsproduktion der Organisationsmitglieder an, fast möchte man sagen: als deren Nebenprodukt, nicht um Anreize zu ergattern. Auf dem Humus einer geeigneten Organisationskultur wachsen Früchte, die ohne das Zutun formaler Organisation anfallen: Stolz, Scham und Identitätsmehrwert.

Anmerkungen

1   O. Marquard: Identität: Schwundtelos und Mini-Essenz – Bemerkungen zur Genealogie einer aktuellen Diskussion, in: Ders., K. Stierle (Hrsg.): Identität. München 1979, S. 347–369, hier S. 347.

2   T. J. Scheff: Goffman Unbound. A New Paradigm for Social Science. Boulder/ London 2006.

3   J. Reichertz: Kommunikationsmacht. Was ist Kommunikation und was vermag sie? Und weshalb vermag sie das? Wiesbaden 2009.

4   Siehe auch T. J. Scheff: Microsociology. Discourse, Emotion, and Social Structure. Chicago 1994, S. 84. Dieser Absatz ist entnommen aus Günther Ortmann: Die Kommunikations- und die Exkommunikationsmacht in und von Organisationen. Unter besonderer Berücksichtigung der Macht zur Produktion von Identität, in: Die Betriebswirtschaft 71 (4) 2011, S. 355–378, hier S. 369.

5   Scheff, Microsociology, a.a.O., S. 95.

6   E. Goffman: Interaktionsrituale. Über Verhalten in direkter Kommunikation. Frankfurt am Main 1988, S. 54 ff.

7   Ebd., S. 40 ff.

8   E. Wenger: Communities of Practice. Learning, Meaning, and Identity. Cambridge, MA 1998.

9   Siehe dazu S. Zierul: Der Kampf um die Tiefsee. Wetterlauf um die Rohstoffe der Erde. Hamburg 2010.

10 T. Klatetzki: Regeln, Emotionen und Macht: Eine interaktionistische Skizze, in: S. Duschek/ M. Gaitanides/ W. Matiaske/ G. Ortmann (Hrsg.): Organisationen regeln. Die Wirkmacht korporative Akteure, Wiesbaden 2011, S. 95–111.

11 Zur Unterscheidung von Tausch und Gabe siehe M. Göbel/ G. Ortmann/ C. Weber: Reziprozität – Kooperation zwischen Nutzen und Pflicht, in: G. Schreyögg/ J. Sydow (Hrsg.): Managementforschung 17: Kooperation und Konkurrenz. Wiesbaden 2007, S. 161–206.

12 Für eine solche Argumentation in fachökonomischer Version siehe G. A. Akerlof: Labor Contracts as Partial Gift Exchange, in: Quarterly Journal of Economics 97 (4) 1982, S. 543–569.

Affiziert werden
Städtische und mediale Atmosphären

Timon Beyes

> So, the city as a sea of faces, a forest
> of hands, an ocean of lamentation:
> these are the building blocks of
> modern urbanism just as much as
> brick and stone.
>
> Nigel Thrift, Intensities of feeling:
> Towards a spatial politics of affect

> Everything depends on the feel of an
> atmosphere and the angle of arrival.
>
> Kathleen Stewart, Afterword:
> Worlding Refrains

1.

„Als ich einst an einem heißen Sommernachmittag die
mir unbekannten, menschenleeren Straßen einer italienische Kleinstadt durchstreifte, geriet ich in eine Gegend,
über deren Charakter ich nicht lange in Zweifel bleiben
konnte. Es waren nur geschminkte Frauen an den Fens-
tern der kleinen Häuser zu sehen, und ich beeilte mich,
die enge Straße durch die nächste Einbiegung zu verlassen.

Aber nachdem ich eine Weile führerlos herumgewandert war, fand ich mich plötzlich in derselben Straße wieder, in der ich nun Aufsehen zu erregen begann, und meine eilige Entfernung hatte zur Folge, dass ich auf einem neuen Umwege zum drittenmal dahingeriet. Dann aber erfasste mich ein Gefühl, dass ich nur als unheimlich bezeichnen kann, und ich war froh, als ich unter Verzicht auf weitere Entdeckungsreisen auf die kürzlich von mir verlassene Piazza zurückfand."

2.

Sigmund Freud montiert die Anekdote seiner Irrungen durch die italienische Stadt in der Mitte seines Aufsatzes über „Das Unheimliche". Die unbeabsichtigte Wiederholung des Gleichartigen provoziert Freud zufolge ein Gefühl der Unheimlichkeit, der Beunruhigung, Beklemmung und des Schreckhaften, wie es sich immer dann zeige, wenn vermeintlich Vertrautes unvertraut werde und Verborgenes ans Licht trete. Anhand etymologischer Erkundungen, einer Reihe literarischer Beispiele, Fallstudien und eigener Erlebnisse sowie zuletzt dem Auffahren des psychoanalytischen Theorieapparates (verdrängte infantile Komplexe und das Unheimliche als die Wiederkehr des Verdrängten) rückt Freud dem Unheimlichen zu Leibe, um es zu zähmen, um „den verhüllten Charakter des Unheimlichen (…) zu erschließen"[1]. Faszinierend ist nun, wie Freud sein Ziel verfehlt. Je mehr Beispiele er anhäuft, Ergänzungen anfügt, ausweicht, sich korrigiert und Umwege nimmt, umso

deutlicher entgleitet ihm die Kontrolle über ihre Klassi-
fizierung. „Auch wollen wir es nicht verschweigen, dass
sich fast zu jedem Beispiel, welches unseren Satz erweisen
sollte, ein analoges finden lässt, das ihm widerspricht"[2],
schreibt er gegen Ende. Rabiat versucht er, sich dieses Pro-
blems zu entledigen, indem er die Unterscheidung zwischen dem erlebten und dem bloß vorgestellten, fiktionalen
Unheimlichen einführt, nachdem er seitenweise literari-
sche Beispiele zitiert hat. Ein erstaunlicher Zug: Als wären
die Begriffe ‚Realität' und ‚Vorstellung' in Stein gemeißelt,
unangreifbar für psychoanalytisches Denken; als wäre genau dieses Denken nicht befasst mit der Erschütterung und
Neufassung des Verhältnisses von ‚Realität' und ‚Imagination'; als basierte der ganze Text nicht auf Gefühlen, die sich
einstellen, wenn ‚Realität' durcheinandergebracht wird.[3]

3.

Viel eher als ein sauber auf individuell verdrängte Komplexe zurückzuführendes Phänomen erscheint das Unheimliche in Freuds Text als ein seltsames Ding, ein Zwi-
schending zwischen Konzept und Affekt, ein „Unkonzept"
(unconcept) zwischen Denken und Empfindung.[4] Folgt man
dem Architekturtheoretiker Anthony Vidler, so ist das
Denken des Unheimlichen von der Idee des individuellen
Unbewussten – und somit vom ontologischen Grund der
Psychoanalyse – zu trennen.[5] Wie Freuds unheimliches
Verlaufen in der Stadt nahelegt, ist es stattdessen gebun-
den an räumliche Konfigurationen und ihre Effekte. Das

Scheitern der Zurückführung unheimlicher Erlebnisse auf
den psychoanalytischen Theorierahmen ist somit eine Erinnerung daran, dass zwischen Gesellschaft und Psyche
kein leerer Raum besteht;[6] vielmehr sind wir eingebunden
in räumliche Konstellationen, die Stimmungsqualitäten
aufweisen und die unsere Körper immer schon affizieren.
Aus dieser Sicht sind Emotionen nicht reduzierbar auf Innerlichkeit und nicht unter dem Primat des Subjektes zu
begreifen. Sie liegen dazwischen, sind weder Subjekt noch
Objekt zugehörig. Gernot Böhme hat für diese ‚Zwischen-
zustände' den Begriff der Atmosphäre fruchtbar gemacht.[7]
Wer durch die Stadt geht, ist immer schon eingelassen in
räumliche Atmosphären, die ihn oder sie ergreifen und
deren Wahrnehmung so gesehen ihre Ko-Konstitution
durch Objekt und Subjekt impliziert.

4.

All das erscheint einerseits naheliegend oder gar banal.
Wie Vidler eindrücklich zeigt, sind Gefühle der Unheimlichkeit, ja psychische Störungen generell, spätestens seit
dem explosionsartigen Wachstum der industrialisierten
Städte Ende des 19. Jahrhunderts mit den Bedingungen des
Lebens in urbanen Räumen verknüpft. Das Labyrinth der
Großstadt und seine potenziell verstörenden Charakteristi-
ken der Heterogenität, Dichte, Instabilität und Anonymität,
wunderbar beschrieben von Simmel, Kracauer, Benjamin
und vielen anderen, ist neben den vielen Geisterhäusern

der romantischen Literatur der Archetypus für Erfahrungen des Unheimlichen, Beklemmenden, Beängstigenden. So hatte die bürgerliche ‚Krankheit' der „Platzscheu" (Agoraphobia), also das Unwohlempfinden in öffentlichen Räumen, eine bemerkenswerte Karriere und wurde neben der Klaustrophobie, also der Furcht vor übervölkerten Räumen, zum Überbegriff für eine bestaunenswerte Ansammlung räumlich bedingter, metropolitaner Pathologien in der nervösen Zeit der Jahrhundertwende vom 19. zum 20. Jahrhundert: „Agoraphobia (the fear of places) was supplemented by atremia or stasophobia (fear of elevated or vertical stations), amaxophobia (exaggerated fear of carriages), cremnophobia (the fear of precipices), acrophobia or hypsophobia (fear of elevated places), oicophobia (aversion to returning home), lyssophobia (fear of liquids), hydrophobia (fear of water – also connected to agoraphobia by the fear of the sea as expanse, and of crossing a bridge), pyrophobia (fear of fire, which was often linked to claustrophobia), monophobia (fear of solitude), anthropophobia (fear of social contact), and a multitude of others, culminating in photophobia (the fear of fear itself), an illness generally subsumed under neurasthenia."[8] Die Stadt als Ansammlung von beispielsweise bedrohlichen und angsteinflößenden Atmosphären zu begreifen, die ihre Bewohner gewissermaßen unterhalb der Verstandesebene affizieren, ist so gesehen keinesfalls neu oder außergewöhnlich.

5.

Andererseits tut sich die Sozialforschung traditionell
schwer damit, sich auf Prozesse einzulassen, die nicht in
zurechenbaren Handlungen von Akteuren oder Kommu-
nikationen von Alter und Ego aufgehen oder durch gesellschaftliche Makro-Strukturen wegerklärt werden können
– allzumal, wenn es darüber hinaus um so amorphe und
schwer fassbare Phänomene wie Atmosphären geht, die
sich der Konkretheit sozialer Daten und der klassisch-di-
stanzierten forscherischen Beobachterposition entziehen.
Dem Humangeographen Nigel Thrift zufolge gibt es einen
„residualen kulturellen Cartesianismus" (*residual cultural Car-
tesianism*), der Atmosphäre und Affekt als frivoles oder bloß
ablenkendes Hintergrundrauschen zum menschlichen
Entscheidungsverhalten behandelt.[9] Was aber, wenn dieses
Rauschen immer schon die Genese des Sozialen prägt?

6.

Vor diesem Hintergrund ist es bemerkenswert, dass die
jüngere Stadtforschung ihre eigene Infizierung durch die
„affektive Wende" (*affective turn*) in den Kultur- und Sozi-
alwissenschaften erlebt, die zu einer Radikalisierung eines ‚subjektlosen' oder ‚prä-individuellen' Ansatzes zur Erkundung der Macht der Gefühle führt. Ein Indikator dafür
ist die Wiederentdeckung des Soziologen Gabriel Tarde,
der bereits Ende des 19. Jahrhunderts in seinen „Geset-
zen der Nachahmung" das Soziale über zirkulierende Af-

fektströme erklärt, die über Ansteckungsprozesse *zwischen*
den Individuen zu Akten der Nachahmung führen: „Was
ist das soziale Leben anderes als Wellen von Hoffnungen
oder Befürchtungen, die ständig aneinandergeraten und
immer wieder durch neue Ideen erregt werden, welche
wiederum neue Bedürfnisse hervorrufen?"[10] Die Idee der
Ansteckung wird später von Gilles Deleuze und Felix Guattari übernommen und zur Vorstellung eines primären Af-
fektgefüges, einer Ebene von begriffslosen, unpersönlichen
und vor-individuellen Energieströmen erweitert, das die
Voraussetzung – und einen ständigen Irritationsfaktor – für
individuelle Emotionen und Artikulationen bezeichnet.[11]
Körper und Geist sind eingelassen in ein vielfältiges und
meist unbewusstes Durcheinander aus Empfindungsfel-
dern und Erregungszonen, das sich nicht überblicken lässt
und das ‚Fassungsvermögen' von menschlichen Körpern
und menschlicher Wahrnehmung übersteigt. ‚Affizierung'
bedeutet dann die jeweilige Aktualisierung, das situative
‚Einfangen' und Ausdrücken des Affekts durch körperliche Emotion und Wahrnehmung, bevor das Denken einsetzt. Frei nach dem berühmten Zitat Spinozas, demzufol-
ge niemand wüsste, was unsere Körper vermögen würden,
handelt es sich um einen genauso passiven und hervorge-
brachten wie aktiven und hervorbringenden Vorgang, der
Sinnenvielfalt und damit Verschiebungen und Wandel ermöglicht bzw. hervorruft. Emotion wird zu einem reaktiv-
aktiven Geschehen als das Affiziert-Werden des Körpers;
Gefühle wiederum werden nach dieser Logik als subjektive
Bewusstmachungen solcher Emotionen gefasst.[12]

7.

Aus Sicht der herkömmlichen Sozialforschung ist das starker Tobak, wird sich hier doch spekulativ und durchaus auch suggestiv an die Ränder des Erkennbaren begeben: „Denn der Affekt ist kein persönliches Gefühl und auch keine Eigenschaft mehr, sondern eine Auswirkung der Kraft der Meute, die das Ich in Aufregung versetzt und taumeln lässt [...] und uns zu ungeahnten Arten des Werdens treibt."[13] Doch scheint das Aufspüren der affektiven Verfasstheit – oder des affektiven Werdens – des Sozialen heute mehr denn je vonnöten. Städte, schreibt Nigel Thrift, können als „aufwühlende Mahlströme des Affekts" (roiling maelstroms of affects) betrachtet – oder besser: miterlebt – werden.[14] Zwar ist Affekt wie gesehen immer schon in der Konstitution städtischer Räume am Werk, doch diagnostiziert Thrift eine Zunahme der Organisation, Modulation und Manipulation des städtischen Lebens auf der affektiven Ebene, also die Vermehrung ineinandergreifender Anregungs- und Ansteckungsprozesse. Man denke an das Design von Atmosphären des Konsums über auditive, visuelle und olfaktorische Effekte; an das werbliche Konstruieren und Zirkulieren gewünschter städtischer Bilder und Narrative im Wettbewerb der Städte; an die Ausbreitung expressiver und experimenteller architektonischer Gebäude; an die inzwischen ubiquitäre Inszenierung von Spektakeln und Festivals; an die mediale Dauerberieselung mit emotionalen Botschaften, auch und gerade über Bildschirme im öffentlichen Raum, auch und gerade im Bereich der Inszenierung von Politik und Politikern; an die Bedeutung

der immateriellen Arbeit und die Forderungen nach Leidenschaft und Kreativität *on the job* in so genannten krea-
tiven Städten; an die Ausbreitung von Technologien der
Aufzeichnung und Überwachung und die zunehmende
Präsenz von Überwachungskameras im städtischen Raum;
an die Zunahme künstlerischer Performances im − bzw.
Interventionen in den − städtischen Raum; an das Affi-
zierungspotenzial mobiler Handykommunikation und die
ad-hoc-Organisation von *smart mobs*; an die Ansteckungs-
mechanismen, mit denen die Botschaften und Organisa-
tionsformen aktivistischer und Protest-Bewegungen sich
verbreiten. All das und mehr verlangt nach einem prozes-
sualen Vokabular der affektiven und atmosphärischen Ansteckung.

8.

Zum Abschluss ein theoriegemäß spekulativer Ausblick.
Wie die obige Liste zum Teil bereits nahelegt, sind gegenwärtige Affizierungen verstärkt technologie- und me-
dienbedingt. In der 'digitalen Kultur' zeugen „die medi-
enbedingten Formen globaler und lokaler Interaktion,
affektgeleiteter Vermeutung oder gefühlsbasierter E-Com-
munitybildung […] von neuen Arten der Affizierung"[15].
Das permanente Verbundensein mit in Echtzeit und kon-
tinuierlich sendenden Objekten, die Einbettung in digitale Netzwerke und die zunehmende Kopplung an mobile
Medien wie GPS oder Smartphones führen zu einer Veränderung des affektiven Hintergrunds des städtischen All-

tags. Mehr als um ‚bloße' Speicherungs-, Aufzeichnungs-
und Übertragungsmedien für Bild, Text und Ton handelt
es sich hier um Rückkopplungsmechanismen, die die Bedingungen der Konnektivität, des In-Beziehung-Setzens
und des Bewohnens von Räumen transformieren – mit
Implikationen nicht nur für das, was jeweils sichtbar und
sagbar ist, sondern auch für das Empfindungsvermögen
selbst. Die Konsequenzen dieser „atmosphärischen Medi-
en"[16], deutlich spürbar vom alltäglichen Hin-und-Her bis
zu politischen Umsturzprozessen, ergeben ein beträchtli-
ches Forschungsdesiderat, für das das hier skizzierte Vokabular der „affektiven Wende" fruchtbar zu machen ist. Das
Freud'sche Verirren im städtischen Raum ist vor diesem
Hintergrund beinahe rührend anachronistisch und der
Spaziergänger ohne GPS und Smartphone ein Auslaufmodell. In diesem Sinn hätte eine aktuelle technologische Aus-
rüstung die unbeabsichtigte Wiederholung des Gleichartigen, das dreimalige Verlaufen ins Rotlichtviertel, gewissermaßen antizipatorisch und ‚vorpersönlich' verunmöglicht.
Das „technische Unbewusste", ein „präpersonales Substrat
garantierter Zusammenhänge und Korrelationen, versi-
cherter Begegnungen und unbeachteter Antizipationen",[17]
hätte in Form des mobilen digitalen Navigationssystems
den Weg gewiesen; über den *screen* flackernde Bilder, Texte
und Töne hätten Affekte aus anderen Gegenden transpor-
tiert und vorselektiert. Eine „technische Kapazität des Fühlens"[18]? So sieht es zumindest die aktuelle Medientheorie:
„In der bzw. den heutigen Medienumgebung(en) ist In-
formation/ Empfinden nicht länger auf den menschlichen
Körper angewiesen (hier aufgefasst als konkrete Organisa-

tion dieses Körpers als fühlend-wahrnehmender Akteur), sondern vielmehr auf eine ganze, ungleich größere Fülle fühlender Akteure (von denen der Körper offenbar noch ein besonders wichtiger ist [...]), die Empfindsamkeit unabhängig von unserer körperlichen Organisation [...] prozessieren".[19] Die Dopplung und Automatisierung des Fühlens durch empfindsame Objekte und Netzwerke – das ist im strengen Freud'schen Wortsinn: unheimlich.

Anmerkungen

1   S. Freud: Das Unheimliche, in: Psychologische Schriften, Studienausgabe Band IV. Frankfurt am Main 1982, S. 241–274, hier S. 244.

2   Ebd., S. 268.

3   N. Royle: The Uncanny. Manchester 2003.

4   A. Masschelein: The Unconcept. The Freudian Uncanny in Late-Twentieth-Century Theory. Albany 2011, hier S. 11.

5   A. Vidler: The Architectural Uncanny. Essays in the Modern Unhomely. Cambridge 1992.

6   A. F. Gordon. Ghostly Matters: Haunting and the Sociological Imagination. Minneapolis 1997.

7   G. Böhme: Atmosphäre. Essays zur neuen Ästhetik. Frankfurt am Main 1995.

8   A. Vidler: Warped Space. Art, Architecture and Anxiety in Modern Culture. Cambridge 2001, hier S. 35.

9   N. Thrift: Intensities of feeling. Towards a spatial politics of affect, in: *Geografiska Annaler* 86 B (1) 2004, S. 57–78, hier S. 57.

10 G. Tarde: Die Gesetze der Nachahmung, Frankfurt 2009, hier S. 184.

11 G. Deleuze/ F. Guattari: Tausend Plateaus. Berlin 1997.

12 B. Massumi: Parables for the Virtual. Movement, Affect, Sensation. Durham/London 2002.

13 G. Deleuze / F. Guattari, a.a.O., hier S. 328.

14 N. Thrift, a.a.O., hier S. 57.

15 M. Ott: Affizierung. Zu einer ästhetisch-epistemischen Figur. München 2010, hier S. 487.

16 M. B. N. Hansen: Medien des 21. Jahrhunderts, technisches Empfinden und unsere originäre Umweltbedingung, in: E. Hörl (Hg.): Die technologische Bedingung: Beiträge zur Beschreibung der technischen Welt. Frankfurt am Main 2011, S. 365–409.

17 N. Thrift, Movement-space: The changing domain of thinking resulting from the development of new forms of spatial awareness, in: *Economy and Society* 33 (4) 2004, S. 584–85; zitiert in der Übersetzung von E. Hörl: Die technologische Bedingung. Zur Einführung, in: Ders. (Hg.): Die technologische Bedingung, a.a.O., S. 7–53, hier S. 31.

18 Ebd., S. 52.

19 M. B. N. Hansen, a.a.O., hier S. 391.

Gefühlte Opfer. Die mediale Inszenierung einer prominenten Rolle

Thomas Elsaesser

I. Thesen zum Melodram

Das Melodram ist gegenwärtig der global prominenteste kulturelle Modus, das Opfer in der medialen Öffentlichkeit zu positionieren. Bevor ich zu meiner zentralen Frage komme, wie aus den Deutschen als Tätervolk ein Volk gefühlter Opfer wurde, möchte ich daher einige Vorarbeiten zum Melodram leisten. In einer früheren Arbeit[1] habe ich mich unter dem Titel „Genre oder Weltanschauung?" bereits mit aktuellen Formen und Tendenzen des Melodrams beschäftigt und nutze eine kurze Zusammenfassung der dort entwickelten Thesen als Einführung in diesen Beitrag.

Opferrolle – In westlichen Gesellschaften ist die Opferrolle zu einer wirksamen allgemeinen Kategorie geworden. Dem entsprechen umfassendere politische Veränderungen, die den Gesellschaftsvertrag und unsere Vorstellung vom Menschen, insbesondere von Subjektivität und Geschlecht, betreffen. Die wichtigste dieser Veränderungen ist wohl, dass aus der Konkurrenz von Ideologien (Marxismus/Kommunismus vs. Liberalismus/Kapitalismus) eine Konkurrenz post-aufklärerischer Universalien geworden ist, wie etwa ‚Menschenrechte' vs. ‚multikulturelle Vielfalt' oder ‚humanitäre Interventionen' vs. ‚Staatssouveränität' bzw. ‚religiöse Selbstbestimmung'. Zusammen mit ‚Trauma' und dem ‚nackten Leben' ist die Opferrolle Teil einer wichtigen zeitgenössischen Konstellation geworden, welche als „starke ontologische Kategorie", aber auch als „starke ideologische Kategorie" verstanden werden kann – und als vergleichsweise militante Art, seine Rechte einzufordern und sich seiner Ansprüche zu versichern.

Rechtschaffenheit – Früher war die Kombination von Melodram und Rechtschaffenheit ein komplexer Prozess, dessen Ziel darin bestand, Anerkennung zu gewinnen und sich für erlittenes Unrecht oder Leid öffentlich Gehör zu verschaffen. Wer rechtschaffen war, wurde im 19. Jahrhundert als Opfer betrachtet, denn das Böse und die Verderbten regierten die Welt. Von hier aus war es nicht mehr weit bis zu einer Umkehrung der Attribuierung: der Vorstellung nämlich, dass Rechtschaffenheit und Tugend automatisch aus der Opferrolle folgten. Doch angesichts der Ausmaße des Unheils und der Vielgestaltigkeit der Kräfte des Bösen im späten 20. und frühen 21. Jahrhundert – man denke nur daran, dass diese Kräfte heute häufig körperlos, unsichtbar, systemisch und endemisch sind und nicht länger persönlich und verortbar – hat sich das Verhältnis von Opferrolle und Rechtschaffenheit grundlegend geändert.

Im 19. Jahrhundert macht das Opfer im Melodram die Tugend lesbar. Die Heldin etwa vertraut dem Schurken, obgleich dieser seine Verworfenheit bereits hinreichend unter Beweis gestellt hat. Denn ‚Vertrauen' ist das Kapital der Heldin im sozialen System: eine feste Größe um die Gemeinschaft zusammenzuhalten. Dadurch wird das Opfer im Melodram zwangsläufig zur Serienleidenden: es kann weder dazulernen noch klug werden, sich weder anpassen noch kompromissbereit sein. Passivität und Leid werden so zu Formen der persönlichen Tatkraft und gesellschaftlichen Teilhabe, wenngleich nur als Negativfolie. Deshalb benötigt das Melodram, so sehr es auch das Drama des Privaten und des intimen Diskurses ist, dennoch die Öffentlichkeit – um nämlich im Schauspiel der ungerecht behandelten Rechtschaffenheit die Lesbarkeit der Tugend vorzuführen, unter Beweis zu stellen und damit auf säkularer-gesellschaftlicher Basis neu zu legitimieren.

Die Opferrolle dient heute mehr denn je dem Zweck, sich in einem öffentlichen Raum Gehör zu verschaffen, der nicht mehr über allzu viele beglaubigte Sprecherrollen verfügt. Wenn wir beispielsweise das Medium des Fernsehens als öffentlichen Raum betrachten, so gibt es dort eigentlich nur drei Rollen, die legitimer Weise eingenommen werden können: zunächst jene des Experten oder Kritikers (etwa in Talkshows oder als Kommentator in politischen Sendungen oder Dokumentationen); zweitens jene des Talents oder Stars (in Casting oder Reality Shows); und schließlich jene des Opfers oder Überlebenden (einer Katastrophe, eines Bürgerkriegs, einer Scheidung, eines neuen Gesetzes oder eines beliebigen anderen Ereignisses, dem man zum Opfer fallen kann). Die sich daraus ergebende Arbeitsteilung schreibt dem Opfer nicht nur eine bestimmte Funktion zu, sondern auch eine bestimmte Macht – jene nämlich, die Leer-Stellen der Authentizität, Zeugenschaft und (subjektiven) Wahrheit besetzen zu können, allerdings nur dann, wenn es sich mit seiner Opferrolle einverstanden erklärt. Es ist diese Kombination aus Opferrolle und Macht, die das Melodram zu etwas Aktuellem und Modernem, aber auch moralisch Brisantem und politisch Heiklem macht. In einer Situation, in der die Narrative des Ich sowohl als retrospektive Biographien als auch als prospektive Lebensentwürfe immer fragwürdiger geworden sind, wird die Opferrolle zu einer starken Subjektposition. Einige der Formen, welche die Narrative des Ich unter dem Druck, dem nunmehr Sinnlosen Sinn verleihen zu müssen, annehmen, können als Melodram bezeichnet werden, nicht zuletzt, weil die Opferrolle dem Subjekt einen neuen, allgemein verständlichen Ursprungsmythos verleiht: den Mythos des ‚Traumas‘, des ‚Missbrauchs‘ oder generell des Leidens am Leben an sich.

Politik und Opferrolle – Zur politischen Seite der Opferrolle gehört das schiere Ausmaß der ungerechten Verteilung von Gütern und lebensnotwendigen Ressourcen auf der Erde, der unaufhaltsame Vormarsch der Ungerechtigkeit im Großen wie im Kleinen, das Tempo der Vernichtung von Leben und Umwelt in so weiten Teilen der Welt. Wir – die Besitzenden, die Weltmittelklasse – waren in den vergangenen Jahrzehnten stumme Zeugen, unfreiwillige Mittäter und schuldbewusste Nutznießer dieser Entwicklungen. Auch dies stellt eine Subjektposition dar und kann sehr wohl dafür verantwortlich sein, dass die Opferrolle, wenn man sie als Universalie und mittlerweile als Teil der *conditio humana* versteht, zu einer erstrebenswerten Subjektposition geworden ist. Durch die mittelbare Anerkennung des Status quo wird das Schuldgefühl gelindert und die Opferrolle kann für einen symbolischen Akt der Solidarität stehen. Sie bleibt jedoch eine Kompromisslösung und daher bleibt auch der Akt der Solidarität im Opfer-sein ein Schwebezustand zwischen Empathie und Indifferenz: Er erlaubt uns als Individuen, unser Leben ungestört weiterzuführen und uns unterhalb des Radars der persönlichen Verantwortung zu bewegen, während wir zugleich unseren Platz in der Welt behaupten – selbst wenn die Art und Weise einer solchen Behauptung unsere Hilflosigkeit nur bekräftigt.

Platzhalter des Politischen

Aus diesen Gründen habe ich dem Melodram eine Platzhalter-Funktion zugeschrieben: Es ist ein Platzhalter für all die Asymmetrien und Unausgewogenheiten, für all die Exzesse, die besänftigt werden wollen, all die Schandtaten, die wieder gut gemacht werden wollen, für all die Ungerechtigkeiten, die vergolten werden wollen, für all die Schuldgefühle, die als Formen der Ermächtigung agieren. Diese These vom Melodram als Platzhalter soll im Folgenden den Ausgangspunkt für die Identifizierung von drei unterscheidbaren Opferdiskursen bilden, die in den letzten Jahrzehnten in Kultur und Sozialtheorie relevant waren und die allesamt im jüngeren filmischen Melodram verhandelt wurden.

II. Opferdiskurse im filmischen Melodram

Wenn die Opferrolle zur Auslöschung der physischen Existenz führt, so wird sie häufig nach dem Muster des Holocaust entworfen. Diese generalisierenden Tendenzen der Opferrolle im Holocaust stehen im Widerspruch mit seiner historischen Spezifizität und Einzigartigkeit. Aus diesem Grund verfügen Melodramen, die sich auf den Holocaust beziehen, zum einen über eine Generationenperspektive, da sie nicht nur die Überlebenden, sondern auch deren Nachkommen zu ,Opfern' machen. Zum anderen haben diese Melodramen einen Opferdiskurs hervorgebracht, der sich auch auf die Rolle der Täter oder Mitläufer einlässt und dabei den oben geschilderten Umgang mit Schuldgefühlen thematisiert.

Die zweite Kategorie von Opferdiskursen bezieht sich auf jene Menschen, welche von der Gesellschaft zwar als Opfer klassifiziert werden, sich aber selbst nicht in diesem Sinne verstehen. Gemeint sind Außenseiter, Randfiguren, Obdachlose. Das können Menschen mit einem schweren Schicksal sein, solche, deren Persönlichkeit ihnen ein unauffälliges Funktionieren im Rahmen sozialer Normen unmöglich macht, oder aber solche, die soziale Normen zwar grundsätzlich ablehnen, jedoch weder dagegen rebellieren noch den Versuch unternehmen, sich in die Gesellschaft zu re-integrieren. Ich halte diese Art von Opfern, die ich andernorts als „abjekte (d.h. verworfene) Subjekte" bezeichnet habe, für besonders interessant, weil eine solche Opferrolle den Menschen wiederum eine besondere Macht verleiht – die Macht dessen, der nichts mehr zu verlieren hat. Man findet solche Figuren in Filmen von Claire Denis, Mike Leigh, den Brüdern Dardenne oder Aki Kaurismäki, doch ich möchte hier einige Anmerkungen zu einem Regisseur machen, der exemplarisch für eine Kombination von Melodram als politischem Kino und Opferrolle des abjekten Subjekts steht: Rainer Werner Fassbinder.

Opferrollen bei Fassbinder

Seit den späten 1970er Jahren zu einem hochreflexiven filmischen Darstellungsmodus geworden, erlaubte das Melodram Fassbinder die Rolle des Opfers sowohl im Rahmen eines spezifisch deutschen historischen Kontexts als auch mit Blick auf die marxistische Kategorie der ‚Ausbeutung‘ zuzuspitzen und neu zu profilieren.

Während in Fassbinders frühen Vorstadtgangster-Filmen (wie etwa *Liebe – Kälter als der Tod* oder *Der amerikanische Soldat*) die Opfer analog sozialer Kategorien häufig noch als durch das kapitalistische System Ausgebeutete erscheinen, legen die späteren Filme andere Konfliktfelder frei, wenngleich auch diese nicht weniger von Ausbeutung und Unterdrückung geprägt sind. Zunächst sind es Frauen, die in ihrer stummen Präsenz zu beredten Anklägerinnen des Systems werden und das schlechte Gewissen der patriarchalen Gesellschaft repräsentieren. Später sind die Opfer dann homosexuelle Männer, die in brutaler oder zynischer Weise von anderen Homosexuellen ausgebeutet werden (wie in *Faustrecht der Freiheit* und *In einem Jahr mit 13 Monden*), oder Frauen, die (etwa in *Die bitteren Tränen der Petra von Kant* oder *Die große Sehnsucht der Veronika Voss*) zu Opfern von Sex-

und-Status-Spielen oder blinder Leidenschaft werden. Zu diesen zählen auch die großen heterosexuellen Hysterikerinnen wie Martha (in *Martha*) oder Irm Hermann in *Händler der vier Jahreszeiten*.

Und schließlich stellt Fassbinder die Machtverhältnisse zwischen Mehrheiten und Minderheiten, zwischen der herrschenden Elite und den Außenseitern als asymmetrisch dar bzw. in einer Weise, die nahe legt, dass Täter und Opfer mehr verbindet als der reine Gegensatz. Dies führt zu jener Art von Double-bind, den man als ‚antagonistische Gegenseitigkeit' bezeichnen könnte – offensichtliche Feinde oder Gegner arbeiten wissentlich oder unabsichtlich zusammen, weil sie uneingestandenermaßen die gleichen Ziele verfolgen oder tabuisierte sexuelle Begierden teilen. Solche Konstellationen finden sich z.B. zwischen dem Computer-Unternehmer Lurz und den Terroristen in *Die Dritte Generation*, zwischen Franz und Reinhold oder Pums und der Polizei in *Berlin Alexanderplatz*, oder zwischen allen fünf männlichen Protagonisten in *Querelle*. In ihrer stabilisierenden Perversität sind diese Double-binds so beschaffen, dass die Protagonisten ihnen nicht entkommen und – vielleicht noch überraschender – auch gar nicht entkommen wollen. In solchen Konstellationen zeigt sich Fassbinders Bezug, aber auch vorsichtig kritischer Kommentar auf die sogenannte ‚Identitätspolitik' der 1970er Jahre. Emanzipation, die Schwulenbewegung, Terrorismus – all diese Entwicklungen beobachtete er genau, aber er überzeichnete sie zugleich in tragikomischer Weise und zog sich dadurch nicht selten den Unmut der betroffenen Parteien zu: die Linken sahen in ihm einen Kryptofaschisten, die jüdische Gemeinde verdächtigte ihn eines ausgeprägten Antisemitismus, Schwule hielten ihn für homophob und Feministinnen für misogyn.

Lag hier ein Missverständnis vor oder ging es Fassbinder um etwas anderes, nämlich ein gänzlich neues Konzept der Opferrolle? Wenn, wie oben behauptet, die Selbstbezeichnung als Opfer heutzutage hoch im Kurs steht, weil dort die starken Subjekteffekte zu erzielen sind, dann muss man im Falle Fassbinders von einer Vorreiterrolle sprechen, denn er schreckte nicht davor zurück, seinen Opfern das Äußerste abzuverlangen. In seiner Welt reichte es nicht, Opfer zu sein oder sich wie eines zu fühlen – zum Opfer musste man zuallererst *werden*.

Ein Opfer zu werden, bedeutet nicht nur ein Bewusstsein von den Ungerechtigkeiten und Machtverhältnissen zu haben, die für das eigene Leid verantwortlich sind; es bedeutet auch die Übernahme von Verantwortung. Denn, wie angedeutet, ein Opfer kann auch Macht erlangen und muss lernen, wie damit umzugehen ist. Erinnern wir uns daran, dass das Opfer im klassischen Melodram mit seinem Leid die Möglichkeit erkauft, seine Rechtschaffenheit und moralische Überlegenheit zur Schau zu stellen. Diese muss sich konstant gegen unterschiedliche Versuchungen behaupten. Wenn es sie sich dabei wiederholt der Leichtgläubigkeit schuldig machen, so dient ihre Naivität doch einem höheren Ziel.

Bei Fassbinder geht es um etwas ganz anderes – bei ihm beginnt man erst dann zum Opfer zu werden, wenn alle ethischen Impulse und guten Absichten, aber auch alle Abhängigkeiten oder Double-binds außer Kraft gesetzt

sind. So ist z.B. die klassische Gegenüberstellung von Tätern und Opfern im Nachkriegsdeutschland mitsamt der
entsprechenden Hoffnung, sich für Versöhnung, einzusetzen, oder indem Schuld durch Schulden beglichen wird
beim Opfer‚Vergebung' erkaufen zu können, keine Option
für Fassbinders Protagonisten. Sie suchen ihre Opferrolle
auch nicht außerhalb der gesellschaftlichen Grenzen, die
von Normen der Sexualität oder der Klassenzugehörigkeit
definiert werden, sondern in dem Umstand, dass sie sich
selbst bewusst für ein ausgebeutetes Leben innerhalb der
gesellschaftlich akzeptierten Ausbeutungsverhältnisse entscheiden. Fassbinders Opfer sind Rebellen jenseits der Re-
bellion, weil sie die Auflehnung als Falle erkannt haben,
welche sie in den Projektionen des Anderen gefangen hält.
Diese Gestalten erreichen erst die Freiheit reinen Opfer-
tums, nachdem sie sich der Fallstricke des Selbst (sexuelle
Identität, sozialer Status) und der Fetische, die es erhalten
(Würde, Selbstachtung), entledigt haben. Was zunächst
wie die reine Selbstaufgabe aussieht, wird durch eine andere Wahrheit des Subjekts legitimiert und führt so zu einer neuen Ethik. Das Ziel dieser Ethik des ‚Opfer-Werdens'
besteht darin, das Ich von allen physischen, psychischen
und symbolischen Tauschmitteln zu befreien und ihm so
eine neue, radikale Offenheit dem „Leben" (und damit
auch dem Tod) gegenüber zu ermöglichen.

Der Paradigmenwechsel: Die Deutschen – ein Opfervolk?

Die ausführliche Betrachtung Fassbinders diente dem Zweck, eine Folie für den dritten Typus des Opferdiskurses zu gewinnen, der mich interessiert. Er führt uns zurück sowohl zum ersten Typus des Opferdiskurses (der Verallgemeinerung des Opferdiskurses in Bezug auf den Holocaust) als auch zur Vorstellung vom Melodram als gescheiterter Tragödie. Hintergrund für diesen Diskurs ist ein Paradigmenwechsel im Verhältnis zwischen Tätern und Opfern des Holocaust und des Zweiten Weltkriegs in Deutschland seit der Jahrtausendwende: eine subtile und konstante Verwandlung des einstmaligen Tätervolkes in eine Opfernation. Man kann sogar fast auf das Jahr genau angeben, wann die Deutschen begannen, sich mehr als Opfer denn als Täter zu sehen: 2002/2003. Diesen Wandel belegen vier Themen, die in diesen Jahren in den Vordergrund traten und zuvor kaum eine Rolle gespielt hatten, wenn nicht sogar verschwiegen worden waren: die Bombenangriffe auf deutsche Städte in den Jahren 1944/45, bei denen Hunderttausende Zivilisten, vorwiegend Frauen, Kinder und alte Menschen, getötet wurden; die Vertreibung von Millionen von Deutschen aus dem Osten in den Jahren 1945–47; die Massenvergewaltigungen deutscher Frauen durch sowohl Sowjet- als auch alliierte Truppen, ebenfalls 1945/46; und schließlich die deutschen Kriegsgefangenen, die ab 1943 in der Sowjetunion in Gulags interniert wurden und dort bis weit in die 1950er Jahre bleiben mussten. Ausgelöst wurde dieser Paradigmenwechsel durch eine Essaysammlung (W.G. Sebald: „Luftkrieg und Literatur", 1999), einen Roman (Günter Grass: „Im Krebsgang", 2002), eine mit schockierenden Fotos bebilderte Geschichte der Bombenangriffe (Jörg Friedrich: „Der Brand: Deutschland im Bombenkrieg 1940–1945", 2002) sowie die Neu-Auflage einer beklemmenden autobiographischen Schilderung der Massenvergewaltigungen (Anonyma: „Eine Frau in Berlin", 2003). In zweierlei Hinsicht ist der Paradigmawechsel von Bedeutung: Er führt eine komplexere Vorstellung der Opferrolle ein (im Kontext eines Volkes, das zuvor als Tätervolk wahrgenommen worden war), und er erlaubt den Blick auf Strategien, mit denen sich deutsche, aber auch internationale Filmemacher gegen diesen Wandel der Deutschen zur Opferrolle gewandt haben. Für die Ausführung des zweiten Aspekts fehlt hier der Raum, und dies ist der Grund, warum Fassbinder als Folie skizziert wurde.

Auf den ersten Blick scheint die Rolle des deutschen Kinos bei dieser Neubewertung der Opferrolle des deutschen Volkes, bei der Verwandlung eines Tätervolks in eine Opfernation, erstaunlich marginal zu sein. Der Untergang (2004) von Bernd Eichinger und Oliver Hirschbiegel wurde rasch dafür instrumentalisiert und als „Humanisierung" des Monsters kritisiert, doch abgesehen von Bildern, welche die Zerstörung Berlins durch den alliierten Bombenhagel und den sowjetischen Vormarsch zeigen, beschäftigt sich der Film nicht mit „gewöhnlichen" Deutschen, die jedoch für den neuen Erinnerungsrahmen des Opfers von entscheiderender Bedeutung sind als die Nazi-Größen oder der „Führer".

Die allgemeine Debatte über die Opferrolle eines ganzen Volkes hat im 11. September 2001 ihren adäquaten internationalen Kontext auch für deren deutsche Version gefunden haben – verdichtet in jenem Gefühl der Bedrohung und Unsicherheit, massiver Gefährdungen und Zerstörung aus der Luft, die Tausende von Menschen plötzlich treffen kann. Diese Ereignisse haben mutmaßlich in Deutschland als Auslöser für das Wiederauftreten der älteren Traumata gedient, wenn man davon ausgeht, dass Friedrichs „Der Brand" ohne den 11. September wohl kaum ein solch aufwühlendes Echo gefunden hätte. Mit der gebotenen Skepsis und einer Spur Zynismus könnte man behaupten, dass der Wunsch der Deutschen erkennbar wurde, sich ihren Platz auf dem überfüllten Opferfeld zu sichern, das durch Popkultur, Talkshows, Daily Soaps und Reality TV mit jedem neuen Tag attraktiver erschien und politisch immer stärker von den USA vereinnahmt wurde. Im 21. Jahrhundert ist die Opferrolle zur Ehrenmedaille geworden, eine der letzten Möglichkeiten, wie schon erwähnt, sich im öffentlichen Raum als authentisch und einzigartig darzustellen.

Es gab natürlich nicht wenige Stimmen in Deutschland, die diesen als revisionistisch und Rechtsruck wahrgenommenen Anspruch der Deutschen auf ihren Opferstatus zum Kriegsende scharf verurteilten. Dennoch wurde die Diskussion generell mit Bedacht und Umsicht geführt und war bezeichnend für einen gelassenerer Umgang mit dem Nationalsozialismus und dem Holocaustals Folge dreier Jahrzehnte intensiver „Vergangenheitsbewältigung".

Ein Argument der Diskussion bestand in der Feststellung, dass auch schmerzhafte Erinnerungen zu dieser Ver-

gangenheitsbewältigung gehören. Nicht zuletzt auch im
Zuge weltweiter Diskussionen um die Menschrechte wand-
ten sich auch deutsche Autoren erneut der Frage nach der
moralischen und politischen Legitimierung der Bombenangriffe zu, der völkerrechtlichen Beurteilung der Vertrei-
bungen oder dem Leid, das die Besatzer über deutsche
Frauen gebracht haben. Angesichts der Wiedervereinigung
Deutschlands bestand darüber hinaus die Notwendigkeit,
alte Wunden erneut zu öffnen, wenn die beiden Teile
Deutschlands aus getrennter Historie und getrennten Erinnerungen eine gemeinsame Identität entwickeln wollten.
Und zu diesen alten Wunden gehörten natürlich auch die
ersten Nachkriegsjahre, als die Familien um ihre Toten
trauerten und Eiserner Vorhang und Berliner Mauer sie
voneinander trennten und einander entfremdeten. Der
Wegfall der Reisebeschränkungen nach 1990 wie auch die
aktiven Bemühungen Polens, der Tschechischen Republik
und der Baltischen Länder um Tourismus aus dem Westen
machten es den Deutschen zum ersten Mal seit 50 Jahren
wieder möglich, die Orte und Landschaften zu besuchen,
die ihre Eltern und Großeltern Heimat nannten.

Der wohl überzeugendste Grund für den Paradigmenwechsel liegt indes in dem sogenannten „intergenerationa-
len Transfer" in Literatur und öffentlichem Leben vor, in
dessen Folge die „dritte Generation" nun das Bedürfnis hat
und das Recht für sich reklamiert, selbst etwas über die
Generation ihrer Großeltern zu erfahren und sich nicht
länger mit der allgemein feindseligen Einstellung ihrer Eltern gegenüber jener ersten Generation zufrieden zu stellen. Eine soziologische Feldstudie zu diesem Thema trägt

den vielsagenden und ironischen Titel „Opa war kein Nazi" und nicht wenige Romane widmeten sich dem Leben jener Großväter und versuchten, die verblassende emotionale Dimension von Familiengeschichten zu bewahren, die nie erzählt worden waren – aus Angst, Unmut, Verbitterung oder Scham oder einfach, weil die innere Notwendigkeit auf zu großen externen Zwang stieß, um sich äußern zu können.

Viele dieser Geschichten hatten zwar ähnliche Themen und teilten das emotionale Bedürfnis, eine Lücke in der Lebensgeschichte des Erzählers zu füllen, doch sie lieferten auch einen Nachweis für die Diversität des deutschen Alltags in und unmittelbar nach der Zeit des Nationalsozialismus – für die manchmal schier unglaubliche Normalität unter höchst abnormen Bedingungen oder für die List und den Einfallsreichtum, deren Menschen fähig sind, sobald sie sich einmal eingeredet haben, dass es besser wäre, sein Leben einfach weiterzuführen und nicht zu sehr auf das zu achten, was um einen herum passiert.

III. Zusammenführung

Im Haushalt der Emotionen muss auch Platz sein für Schuldgefühle. Und zwar für ihre Anerkennung wie auch deren Abwehr. Zum labilen Gleichgewicht zwischen Eingeständnis und Selbstschutz im individuellen und familiären Bereich wie auch für die Gesellschaft und Nation als Ganzem, eignet sich das Melodram ganz besonders, denn Zufall, Ungereimtheiten und Selbstwidersprüche sind quasi in seine Textur mit eingewoben. Die Rhetorik des Opfers im Melodram zollt dem Widerstreit moralischer Impulse und der Unlösbarkeit der daraus resultierenden inneren Konflikte den adäquaten Tribut. Im Falle Deutschlands ist es deshalb nicht abwegig, vom Kino-Melodram als affektivem (und effektivem) Schuld-Management zu sprechen – im Gegensatz zum Schulden-Management, bei dem sich die Bundesrepublik, seit Konrad Adenauers Israel-Politik und Willy Brandts Ostpolitik als Meister internationaler Akrobatik erwiesen hat. Es würde zu weit führen, nun im Einzelnen aufzuzeigen, wie in der Schuldverarbeitung in Form von Melodramen ein Motiv angesprochen ist, das sich auf struktureller Ebene durch alle Perioden der deutschen Nachkriegs-Filmgeschichte zieht – und zwar nicht nur über alle stilistischen Brüche wie „Papas Kino" und „Neuer Deutscher Film" hinweg –, sondern auch gleichermaßen in der DDR wie der BRD: angefangen bei den Trümmerfilmen eines Wolfgang Staudte, Kurt Mätzig oder Helmut Käutner, über Filme der 1950er und 1960er Jahre, deren Doppelbödigkeit (bei Kurt Wolff wie auch bei Harald Braun oder Geza von Cziffra) inzwischen die Filmhistoriker wieder reizt, bis zu den Filmen Alexander Kluges, insbesondere seinem späten Meisterwerk, *Die Macht der Gefühle* (1983). Selbst Filme wie *Aimée und Jaguar* (1999), *Rosenstraße* (2003) oder *Das Wunder von Bern* (2003) werden in ihren Umkehrungen und Stilisierungen der Geschichte wesentlich lesbarer unter dem Aspekt des Melodrams als Schuld-Management. Sie sind nicht deshalb authentisch, weil sie sich auf „wahre Begebenheiten" berufen können, sondern genau in dem Maße, als sie Platz machen für Ambivalenzen in der Verteilung und Zuschreibung von Opferrollen.

Wenn es also zutrifft, dass sich das Schuld-Motiv und wie man es „managen" kann durch alle Phasen der Nachkriegs-(Film)Geschichte zieht, so dienen Melodram and Opfer-Rolle dazu, dass Schuldgefühle als solche nur selten in Erscheinung treten müssen. Sie wären dennoch die immer wiederkehrende Irritation, und damit Teil der allgemeinen Grundierung gesellschaftlicher Auseinandersetzung und Identitätssuche der Republik, die zwar konstant bleibt, es aber versteht, jeweils andere Anlässe und historische Reizthemen Themen zu nutzen, um sich (meist unter anderem Namen) über Bilder, fiktionale Handlungen und melodramatische Gesten zu Wort zu melden.

Anmerkung

1   T. Elsaesser: Melodrama: Genre, Gefühl oder Weltanschauung? In: M. Frölich/ K. Gronenborn/ K. Visarius (Hrsg.): Das Gefühl der Gefühle. Zum Kinomelodram. Marburg 2008, S. 11–34.

Die Strategie der Tränen
Glenn Beck und der melodramatische Stil in den USA

Scott Loren

> ... moral consciousness must be an
> adventure, its recognition must be the
> stuff of heightened drama.
>
> Peter Brooks, The Melodramatic Imagination

Am 15. Oktober 2009 weinte der Talkshow-Moderator
Glenn Beck vor landesweitem Publikum. Natürlich ist Weinen im Fernsehen nichts Neues. Man denke nur an die
Unmengen von Tränen, die von Schauspielern in Seifen-
opern oder von Gästen in Oprah Winfreys Talkshow ver-
gossen werden. Aber Beck war weder in einer Seifenoper
noch bei Oprah. Seine Tränen waren Teil einer abendli-
chen Nachrichtensendung, die von über 100 Millionen
US-amerikanischen Haushalten empfangen werden kann,
und Beck war seit fast einem Jahr ihr täglicher Moderator.
Es gibt wahrlich genügend Gründe, angesichts der Abendnachrichten in Tränen auszubrechen, aber überraschender
als ein vor nationalem Publikum weinender Nachrichten-
sprecher war der vermeintliche Auslöser für Becks Weinen,
nämlich Nostalgie für die guten alten Zeiten. Wie üblich

war Beck bereits sichtlich aufgewühlt, als eine alte Kodak-Werbung mit Familienfotos aus den fünfziger und sechziger Jahren zum Lied „The Times of Your Life", gesungen von Paul Anka, ihn tatsächlich zu Tränen rührte. Es war nicht das erste Mal, dass Beck vor seinem Fernsehpublikum weinte und es sollte nicht das letzte Mal sein. Seine Strategie der Tränen machte ihn bekannt. Wer ist Glenn Beck, mag man sich fragen, und wozu die Tränen?

Während der zweiten Hälfte der vergangenen Dekade hat das Medienphänomen Glenn Beck die Nachrichtenformate sowohl der Radio- als auch der Fernsehsender in den Vereinigten Staaten massiv überrollt. Vergegenwärtigen wir uns die bekanntesten amerikanischen Medienpersönlichkeiten dieser Zeit, so müssen wir unweigerlich Beck dazuzählen. Sein Aufstieg in das Zentrum der Massenaufmerksamkeit begann im Jahr 2000 mit der Radiosendung *The Glenn Beck Program*, ausgestrahlt über Mittelwelle in Tampa (Florida). Der von Beck übernommene Sendeplatz am Nachmittag hatte zu diesem Zeitpunkt miserable lokale Einschaltquoten (Platz 18); ein Jahr später hatte er die Sendung auf den Spitzenplatz katapultiert. Dieser Erfolg öffnete dem langhaarigen, koksenden, rüpelhaften Radiomoderator weitere Türen. Bereits 2002 wurde seine Sendung national auf 47 verschiedenen Stationen verbreitet. Sechs Jahre später wurde Beck täglich auf über 280 Kanälen landesweit an ungefähr sechseinhalb Millionen Zuhörer übertragen. Der Industrieverband National Association of Broadcasters verlieh Beck 2008 den Preis für die Radiopersönlichkeit des Jahres (Marconi Radio Award for Network Syndicated Personality of the Year).[1] Beck war in aller

Munde und hatte längst den Sprung ins Fernsehen ge-
schafft. Er übernahm 2006 die CNN-Sendung *Headline News*
zur besten Sendezeit. Wieder schnellten Becks Einschaltquoten in die Höhe, so dass *Headline News* zwei Jahre später
die zweithäufigst gesehene Sendung auf CNN war.
Insbesondere Becks konfrontative und kontroverse
Ausdrucksweise, über Jahre kultiviert in nationalen Radio-
und Fernsehprogrammen, beschleunigte seinen Aufstieg
zu einer der namhaftesten konservativen Persönlichkeiten
in den Nachrichtenmedien. Seine Radiosendung *The Glenn
Beck Program* hat seit der landesweiten Verbreitung 2002 einige der höchsten jemals im Radio erzielten Einschaltquoten erreicht. Auf dem Höhepunkt ihrer Popularität erreich-
te seine Nachrichtensendung im Fernsehen, *Glenn Beck*,
abendlich ein Publikum von über drei Millionen Zuschau-
ern. Beck nutzt seine Präsenz auf verschiedenen Medien-
märkten auch als Autor; sechs seiner Bücher stand auf der
New York Times-Bestsellerliste. Kurz gesagt: Glenn Beck ist
ein Ein-Mann-Multimediaphänomen.

Fragt man nun, wie weinen vor Massenpublikum solche Zuschauerzahlen generieren kann, so ist Oprah Winfrey zumindest Teil der Antwort: Dort hat es ja bestens
funktioniert. Beck knüpft tatsächlich in vielerlei Hinsicht
an Oprah an. Doch während Oprah die Herzen Amerikas
mit tränenreichen Beichten erweichte, die den Einzelnen
ermutigen sollten, sein wahres Selbst zu finden und sein
volles Potential auszuschöpfen, verwendet Beck gänzlich
andere Zutaten: Seine Spezialität ist ein Mix aus regie-
rungsfeindlicher, anti-humanitärer, radikalkonservativer
Politik sowie irren Verschwörungstheorien für Paranoiker,

verpackt in einen hyperbolisch-melodramatischen Stil. Auf Oprahs menschenfreundlichen Gestus und spirituellen Aufbruch, auf eine allzu kurze Ära der bejahenden Darstellung von ethnischer Vielfalt und Queerness zur Hauptsendezeit im Fernsehen, musste wohl unweigerlich eine Gegenreaktion in den etablierten Massenmedien folgen. Nun ist sie da.

Oprahs Winfreys „therapeutischer Stil" (Eva Illouz)[2] und die durch ihn heraufbeschworenen Tränen scheinen als Anreiz für die Masse der Durchschnittszuschauer einleuchtend. Kritiker jedoch tun sich schwer, Becks Überfall auf die Abendnachrichten mit Hilfe einer Strategie der Tränen zu verstehen. Folglich verweisen viele seiner Gegner auf die Haltlosigkeit seiner Theorien über Weltregierung und kommunistische Machtergreifung sowie auf die abenteuerliche Ungenauigkeit seiner in der Sendung präsentierten „faction"[3] – doch übersieht diese Kritik, was Beck so attraktiv macht. Auch wenn einige seiner Behauptungen wie der nackte Wahnsinn anmuten – sei es „Jesus will keinen Emissionshandel mit festen Obergrenzen" oder Vergleiche von Al Gore mit Hitler und Barack Obama mit Satan oder die Feststellung Senator Joseph McCarthy habe „Recht gehabt" –, so ist es doch gerade der Wahnsinn seiner Methode, der sich verkauft. Ungeachtet dessen, dass er eine Nachrichtensendung moderiert, handelt Beck nicht mit Fakten. Er handelt mit Gefühlen.

Ersichtlich ist Becks Gefühlsökonomie zu jedem beliebigen Zeitpunkt. Wenn er zu einer jubelnden Menge von Tausenden in Norfolk (Virginia) davon spricht, dass die uns vertraute Welt in zehn Jahren untergehen wird, wird offenbar, wie überflüssig Faktizität für seine Ausführungen ist. Seine Wirkmacht liegt in der Fähigkeit, starke Emotionen hervorzubringen, meist durch Angst, Missgunst, Wut oder die nostalgische Sehnsucht nach dem Phantom einer Vergangenheit, die so nie existiert hat. Dies zeigt sich auch in den von Beck primär angesprochenen Themen: der übermächtige Staatsapparat, Verschwörungen, die Reformpolitik des Progressivismus[4], die Staatsverschuldung, Religion, die Reglementierung des Waffenbesitzes, Libertarismus, der Holocaust, Nazi-Deutschland, Stalinismus, Marxismus, Sozialismus, Kommunismus und Stadtteilförderung – wobei letztere von Beck nahtlos mit den vorangehenden Begriffen gleichgesetzt wird. „Soziale und ökologische Gerechtigkeit", so ist von Beck häufig zu hören, ist „Bullenkacke".[5] So schwer erträglich Becks Popularität – seine Panikmache, seine gewaltverherrlichende und rassistische Politik – auch sein mag, so ist meine Absicht hier jedoch nicht, Beck schlicht zu diskreditieren oder anzugreifen, sondern die folgende Hypothese aufzustellen: Beck bedient sich des melodramatischen Modus.

Die Forschung zum Melodram ist ein Wissenschaftsgebiet, das traditionell als Unterkategorie der Genreforschung via Film- und Literaturwissenschaft verstanden worden ist, mittlerweile aber zunehmend in soziologischen Kontexten für die Analyse einer Reihe von Themen eingesetzt wird, wie etwa den Umgang verschiedener Rassen miteinander oder die mediale Repräsentation nationaler Traumata.[6] In seiner bahnbrechenden Studie „The Melodramatic Imagination" von 1976 beschreibt Peter Brooks das kulturelle

Aufkommen des Melodramas im Zusammenhang mit der
als Reaktion auf die sozialen Umbrüche stattfindenden Sä-
kularisierung im Nachgang der Französischen Revolution.[7]
Die Kritik der Aufklärung an religiösen und weltlichen
Herrschaftsinstitutionen führte zu einer radikalen Ablö-
sung von moralische Normen legitimierenden Hierarchien
und bot stattdessen ein Weltbild mit einfach zugänglichen
Vorstellungen von Gut und Böse. Die Destabilisierung der
Autoritäten Kirche und Staat hatte laut Brooks auch die Destabilisierung und Verdrängung der moralischen Lesbarkeit
zur Folge. Er schreibt, dass das melodramatische Schema
Gut-gegen-Böse so effektiv als Massenunterhaltung und als
Ontologie funktioniert, weil es imstande ist, ein manichä-
isches System moralischer Ordnung zu rehabilitieren, das
dem Handeln und dem Sein durch Erdung im „moralisch
Okkulten" eine tiefere Bedeutung verleiht.

Für die säkulare Moderne schließt das Melodrama
eine wichtige Lücke: „Es entsteht in einer Welt, die die
traditionellen Imperative der Wahrheit und Ethik radikal
in Frage stellt, in der jedoch die Verkündigung der Wahrheit und Ethik sowie deren Wiederherstellung als verbind-
liche Lebensweise ein unmittelbares und tägliches politisches Anliegen sind."[8] Hier erkennen wir eine deutliche
Verbindung zu Becks politischer Strategie und seinem Re-
destil. Sein Hauptanliegen ist es, wie er häufig zu verstehen
gibt, das Gute und das Böse herauszustellen, durch das Verbreiten geheimer Informationen über unethische Praktiken, Grundsätze und Absichten der Linken. Die aufrechten
Konservativen in Becks „wahrem Amerika"[9] laufen aller-
höchste Gefahr, zu Opfern linker Schurkerei zu werden.

Die Dringlichkeit seiner Behauptungen wird durch seine Endzeitrhetorik befördert: Es geht nicht um Gewinn oder Verlust parlamentarischer Mehrheiten, es geht um Leben und Tod. Die rettende Wahrheit, so versichert uns Beck, versteckt sich hinter der äußeren Erscheinung der Dinge und muss dringend enthüllt werden.

Nach Brooks verwirklicht sich das Melodram in der Ausübung von narrativem Druck „auf die Oberfläche der Dinge", um so das „banale Material der Realität" in „eine aufregende, exzessive, gleichnishafte Geschichte"[10] zu verwandeln. Diese Geschichte ist gekennzeichnet von übertrieben gezeichneten Figuren des Schurkischen und der Rechtschaffenheit, und einer monopathisch-moralischen Polarisierung zwischen Gut und Böse, in welcher der Schurke durch „Verschwörung, Niedertracht [und] absichtliche Verschleierung" die „moralische Ordnung verrät und zunichtemacht".[11] Starkes Pathos, ausgelöst vom Verlust erleidenden tugendhaften Opfer, erfordert notwendig ein Handeln, das Ehre und moralische Ordnung wiederherstellt. Elisabeth Anker hat im Rahmen der politischen Theorie überzeugend argumentiert, dass die zentralen Merkmale des Melodrams auf Bühne oder Leinwand in gängige nicht-fiktionale Kontexte eindringen, zum Beispiel in politischer Rhetorik. Für Anker zählen fünf typische Eigenschaften zum Melodrama: (a) ein Ort moralischer Tugend gekennzeichnet durch Pathos und Leiden und verstärkt durch heroisches Handeln; (b) die Figuren eines skrupellosen Bösewichtes, eines leidenden Opfers und eines heroischen Retters, der die Redlichkeit des Opfers durch eine Vergeltungstat wiederherstellen kann (tugendhaftes Opfer/

starker Held können in Personalunion auftreten); (c) die dramatische Polarisierung von Gut und Böse; (d) eine Dialektik von Pathos und Handlung (action); (e) Bilder, Laute, Gesten und nonverbale Kommunikation werden eingesetzt, um moralische Lesbarkeit herzustellen und sowohl Mitgefühl für das Opfer als auch Entrüstung gegenüber dem Schurken zu verstärken.[12]

Durch die verschiedenen Dimensionen des Genres (narrativ, temporal und ästhetisch) wird erreicht, dass alle Elemente dazu dienen, eine moralisch ‚richtige' Position klar identifizierbar zu machen und die Zuschauer emotional und ideologisch auf das Opfer auszurichten, das eben mittels der Opferrolle tugendhaft und rechtschaffen ist. Melodrama „ist eine diskursive Praktik, die Wahrheit und Gerechtigkeit lesbar macht durch die klare Abgrenzung von richtig und falsch"[13], womit wir bei Becks wiederholter parteilicher Behauptung sind, dass „es nicht um links und rechts geht, sondern um richtig und falsch".[14] Solche simplifizierenden und allumfassenden Aussagen sind für Becks Auftritte typisch. Wenn Anker bekräftigt, dass „die zielgerichtete ‚Erhabenheit' melodramatischer Rhetorik" erreicht wird durch „das nachdrückliche Aussprechen schlichter Wahrheiten und Beziehungen, das Hervorheben des in alltäglichen Gesten ruhenden kosmischen moralischen Bewusstseins"[15], dann könnte Becks rhetorischer Stil, begrifflicher Gehalt und erzielte Wirkung damit nicht zutreffender beschrieben werden.

Die sogenannte politische Linie Becks kann weitgehend als Mix konservativer Ideale, „libertarianer"[16] Werte und Mormonentheologie beschrieben werden, doch erklärt keiner dieser Faktoren für sich allein hinreichend den eigenwilligen rhetorischen Stil oder die übertriebenen mythischen Figuren, die sein begriffliches Universum bevölkern: Böswillige Sozialisten, welche die Nation zerstören und die Weltherrschaft anstreben, stehen gegen moralisch aufrechte, bewaffnete, weiße Arbeiter, die als „wahre Amerikaner" in der Tradition der Gründerväter des Landes fest verwurzelt sind. Drei Beispiele aus Becks Repertoire mögen das Ausmaß veranschaulichen, in dem Beck den melodramatischen Modus anwendet: seine Angriffe auf Barack Obama, seine Großkundgebung „Erneuerung der Ehre" (*Restoring Honor*) in Washington (D.C.) und natürlich seine Strategie der Tränen.

In Becks Universum gibt es eine ganze Reihe von Gaunermasken, die man Obama überstülpen kann, um ein melodramatisches Paradigma aus Opfer und Schurke zu errichten. Aber um das von Beck gewünschte negative Pathos landesweit zu erzielen, muss notwendig auf den absoluten Inbegriff des Bösen im amerikanischen Bewusstsein zurückgegriffen werden. Mit keiner anderen historischen Figur wird das essentiell Böse im biblischen Ausmaß so stark assoziiert wie mit Adolf Hitler. In der amerikanischen Fantasie ist Hitler herausgehoben aus der gemeinen Bande mordlustiger Diktatoren, die ethnische Säuberung zu ihrem Hauptanliegen gemacht haben. Falls es so etwas wie eine Rangliste irdischer Übel in der kollektiven Fantasie konservativer Amerikaner gäbe, dann landete der „rote Schrecken" (*Red Scare*), also der Kommunismus, kurz danach auf Platz zwei. Deshalb überrascht es nicht, dass Beck wiederholt Rhetorik und Ikonographie einsetzt, die Obama mit Hitler und Stalin in Verbindung bringen. Hinlänglich bekannt sind seine Vergleiche von Obamas Reform des Gesundheitswesens und die von Obama angestoßene Erweiterung des AmeriCorps[17] mit Maßnahmen in Stalins Sowjetunion und Hitlers „Drittem Reich". In Becks nationalistischem Melodram ist Obama ein „Sozialist" mit „marxistischen Tendenzen", der „uns in einen Faschismus ohne Gewalt führt" und verantwortlich ist für „die Zerstörung des Westens".[18] In einem Teil seiner Show namens „Neues vom Genossen" (*Comrade Update*) zeigte Beck Bilder politischer Entscheidungsträger im Weißen Haus, auf die Hitler- und Stalinbärte gemalt waren und kommentierte: „Ich werde euch zeigen, wie diese Sachen […], die heute passieren, in einer Reihe stehen mit bestimmten Vorgängen in den schlimmsten sozialistischen, faschistischen Ländern der Geschichte".[19] Auch montierte Beck Abbildungen von Obama und dem britischen Premierminister Gordon Brown neben Hitler und Stalin und verkündete: „Wer die Geschichte nicht kennt, dem ist bestimmt, sie zu wiederholen." Die melodramatische Geste des Vergleichs zwischen Obama und dem schändlichsten Massenmörder der jüngsten Geschichte könnte einfach nur eine maßlose Übertreibung bedeuten, doch ist sie keineswegs der einzige Schurkenumhang, den Beck für den schwarzen Präsidenten parat hält: Obama ist außerdem Rassist!

„Ich glaube, dass der Präsident sich wieder und wieder gezeigt hat als jemand, der einen tief sitzenden Hass auf Menschen weißer Hautfarbe oder die weiße Kultur hat."[20] Linda Williams hat gezeigt, wie die Tradition des Rassenmelodrams „Schwarz-gegen-Weiß" – sowohl fiktional als

auch nicht-fiktional – in der amerikanischen Kultur vom
Rassendiskurs nicht zu trennen ist. Obwohl das Melodram
„zur Parteilichkeit für die Seite der Hilflosen neigt"[21],
weist Williams darauf hin, dass es auch "von missgünsti-
gen Weißen verwendet wird, deren eigene Gefühle der
Machtlosigkeit die Wahrnehmung einer schwarzen Bedrohung für weiße Vorherrschaft gefährlich aufbauscht".[22]
Beck fügt sich selbst und sein „echtes", „weißes" Amerika
in dieses melodramatische Schema ein, so dass er und das
weiße Amerika zu Opfern eines böswilligen und extrem
gefährlichen „schwarzen Mannes im Weißen Haus"[23]
werden.

Der US-amerikanische Journalist und Autor Alexander
Zaitchik hat darauf hingewiesen, dass man zunächst verstehen müsse, was Beck mit „weißer Kultur" meine, um
seine spezifische Spielart des Rassismus zu erfassen. Becks
„weiße Kultur" ist gleichbedeutend mit „der Gesamtheit
eines moralischen, politischen und kulturellen Univer-
sums, dem Beck [...] den Spitznamen Wahres Amerika
verliehen hat."[24] Sein Mythos des „Wahren Amerika" ist
„sowohl geografisch als auch nicht-geografisch, ethnisch
und nicht-ethnisch, real und imaginiert" und wurzelt un-
auflöslich in der Mythologie des amerikanischen Kernlandes: die vornehmlich weiße, ländliche, aus Arbeiterfamili-
en bestehende Mitte der Nation, in der christliche Werte
und konservative Moral angeblich dominieren.[25] Die kulturellen Assoziationen eines amerikanischen Kernlandes
evozieren zwangsläufig die imaginäre nostalgische Projek-
tion nationaler Unschuld. Begrifflich steht Becks „Wahres
Amerika" gegen das niederträchtige und bedrohliche „Fal-

sche Amerika", das verstanden wird als „städtisch, sozialistisch, gottlos, voll irriger Ideen [...]. Die Drohung, das ‚Wahre Amerika' zu überwältigen und auszulöschen, macht das Falsche in jeder Hinsicht bösartig: antikapitalistisch, familienfeindlich und – dieser Teil der Trias bleibt meist unausgesprochen – weißenfeindlich."[26] Abgesehen von Becks umgekehrtem Rassismus – in der Behauptung, Obamas Politik sei geprägt vom Verlangen nach Entschädigung für die ehemaligen Sklaven – und von seiner Unterstützung der Verschwörungstheorien, die Obama als zweifelhaften, arglistigen Ausländer ohne legitime US-Staatsbürgerschaft darstellen, fällt an Becks ungewöhnlicher Art, die Rassenkarte melodramatisch auszuspielen, auf, dass er rassistische Dämonisierung mit einer Bedrohung des Raumes nationaler Unschuld koppelt. Becks „Wahres Amerika" und amerikanisches Kernland bilden seinen imaginären melodramatischen „Ort der Unschuld"[27], an den sein Publikum sich wünschen kann zurückzukehren. Genau dieser Wunsch der Rückkehr an einen Ur-Ort der Unschuld entfacht melodramatisches Pathos und treibt die Handlung voran, die den Ehrverlust des tugendhaften Opfers wettmachen soll.

Fast 100.000 Teilnehmer versammelten sich am 28. August 2010 am Lincoln Memorial in Washington (D.C.), um „die Helden und das Erbe"[28] Amerikas zu zelebrieren. Der Tonfall von Becks Großkundgebung „Erneuerung der Ehre" (*Restoring Honor*) war spirituell und patriotisch zugleich. Alle Amerikaner waren aufgerufen, sich im gemeinsamen Glauben an Gott zu sammeln, die Kriegsveteranen zu eh-

ren, sich die von den Gründervätern verkörperten Werte in
Erinnerung zu rufen und zu eigen zu machen. Beck hatte
ursprünglich eine politische Massenkundgebung veranstalten wollen, um dort seinen „Plan zur Rettung Amerikas"
für die nächsten 100 Jahre vorzustellen, den er in seinem
demnächst erscheinenden Buch „Der Plan" detailliert er-
läutern würde. Das Spendenaufkommen für die Kundgebung wäre bei einer politischen Veranstaltung allerdings
steuerpflichtig geworden, weshalb Beck auf eine angeblich
unpolitische Plattform wechselte. Er leitete einen Teil der
Spendengelder weiter an die *Special Operations Warrior Founda-
tion*, eine gemeinnützige Stiftung, die Stipendien für Familien von Offizieren der Spezialeinheiten bereitstellt, die im
Einsatz ums Leben gekommen sind. Damit verschob sich
das Versprechen, verlorene Unschuld und Tugend wiederherzustellen, auf die Entschädigung von Opfern. Der Bezug
auf diese Opferrollen strukturiert das patriotische Pathos
samt davon ausgelöstem Handeln um den Ort verlorener
familiärer Unschuld herum. Die Absicht, an genau diesem
Datum „Amerika wiederherzustellen und ihre Ehre zu
erneuern",[29] erzeugt allerdings die äußerst befremdliche
Gegenüberstellung eines manichäischen Melodrama von
Schwarz-gegen-Weiß.

Wenige geflügelte Worte aus der US-amerikanischen
Geschichte werden so prägnant erinnert und haben einen
so starken emotionalen Nachhall wie der Satz „Ich habe
einen Traum" (*I have a dream*) von Martin Luther King Jr.
Diese vier Worte aus seiner 1963 während des „Marsches
nach Washington für Arbeit und Freiheit" gehaltenen Rede
sind ein wirkmächtiges kulturelles Artefakt der Geschichte

der Bürgerrechte, der Rassengleichheit und des nationalen Selbstverständnisses. Gezielt den 47. Jahrestag von Kings Rede und den genau gleichen Schauplatz, an dem sie gehalten wurde, für seine Kundgebung zur „Erneuerung der Ehre" zu wählen, sicherte Beck ein hohes Niveau emotional aufgeladener kultureller Resonanz mit hochgradig komplexer Wirkungsweise. Er schöpfte damit aus einer sentimentalen Quelle des Mitgefühls innerhalb und mit der afroamerikanischen Öffentlichkeit, wobei er gleichzeitig das Datum für weiße amerikanische Konservative ‚zurückforderte'. Auch wenn es Beck verwehrt blieb, aus der öffentlichen Verlautbarung seines eigenen Traums Kapital zu schlagen – zweifellos der ursprüngliche Zweck der Präsentation des 100-Jahr-Planes an genau diesem Tag an genau diesem Ort –, so profitierte er gewiss vom „Versuch, die Symbolik von Dr. King umzudrehen"[30]. Die Kundgebung war Bühne für die Nominierung seiner Ko-Moderatorin Sarah Palin zur Kandidatin für die Wahl in das Vizepräsidentenamt und ist in die Geschichte eingegangen als Gründungsveranstaltung der *Tea Party* – nirgendwo anders wäre diese Art sozio-politischer Usurpation auf ein solch empfängliches Publikum getroffen. Die implizite Assoziation einer wiederhergestellten Ehre ist also doppelt bedeutungsschwanger, sowohl melodramatisch als auch rassistisch: als Rückkehr zu den Ideologien einer bestimmten Zeit – der Epoche der Gründungsväter –, in der Sklaverei wesentlich zur Organisation des sozialen Lebens in Amerika gehörte, und als Niedergang von Becks „echter", „weißer" Kultur angesichts der Bürgerrechte des „schwarzen" Amerika.

Wie die Theorie des Melodrams erklären kann, funktioniert die archetypische Trias Opfer-Schurke-Held als Auslöser von Pathos und Action (nachfolgender Handlung), weil sie durch eine „gefühlte Wahrheit" legitimiert ist, die dem „moralisch Okkulten" entstammt. Die gefühlten Wahrheiten, auf die sich Beck in seiner Rhetorik des tugendhaften Opfers beruft, suchen diese Bestätigung im Register tieferer moralischer Werte. Sein Rückgriff auf die Moral spiegelt sich in den religiösen und konservativen Zwischentönen der Kundgebung. So wird ein in sich dichtes, rassistisches, religiöses und parteiisches Melodram erschaffen, dessen manichäische Kluft zwischen braven, gottesfürchtigen, konservativen, weißen, tugendhaften Opfern und bösen, atheistischen, nicht-weißen, linken Schurken die amerikanische Parteipolitik weiter polarisiert und emotional auflädt. Nun drehen sich Polarisierung und emotionalen Intensivierung durch den Bezug auf „moralisch Okkultes" exakt um das, was in Becks Strategie der Tränen auf dem Spiel steht. Die stumme, ästhetische Übertreibung melodramatischer Tränen dient dazu, moralische Wahrheiten lesbar zu machen. Sobald Beck aus Liebe zu seinem Land weint, handelt es sich um eine Geste der Authentizität: Seine tugendhaften Tränen des Leides sind Ausweis seiner moralischen Glaubwürdigkeit und der Wahrhaftigkeit seiner Behauptungen – zumindest emotional, und nur das zählt letztlich. Zudem sei darauf hingewiesen, dass Beck gleichzeitig mit dem gefühlsbezogenen Potenzial einer melodramatischen Rhetorik für politische Debatten auch entdeckte, wie stark seine Affinität zur Mormonen-Religion ist, in deren Offenbarungsritualen das Vergießen männlicher Tränen verbreitet ist. Ein Mann, der vom Glauben zu Tränen gerührt wird, attestiert die Kraft seiner Überzeugungen.[31] Somit ist es naheliegend, über Beck und seine Anziehungskraft im Zusammenhang der amerikanischen Tradition von Fernsehpredigern (*televangelists*) nachzudenken, die ebenfalls vorrangig auf der melodramatischen Rhetorik von Böse gegen Gut, Dunkel gegen Licht, Opferdasein, Tugend und Erlösung aufbaut.[32] In diesem Kontext wird Beck als typisch amerikanisches Medien-Affekt-Phänomen verständlich, ein Hybrid aus der religiösen Übertreibung eines Fernsehpredigers und der politischen Panikmache in der Tradition des „Roten Schreckens". Es überrascht dann nicht mehr, dass die Ware, mit der Beck handelt, Emotion ist und nicht Faktum.

Auch wenn Becks enorm erfolgreiche Strategie der Tränen also die Wandlungsfähigkeit und Prominenz eines höchst gefühlsbetonten melodramatischen Modus in Amerika belegt, entlarvt es diesen zugleich als wirkmächtiges und nicht unschädliches politisches Werkzeug.

Anmerkungen

1   http://www.nab.org/documents/events/awards/marconiAwards/2008Win ners.asp [abgerufen am 19.01.2012].
2   Vgl. E. Illouz: Saving the Modern Soul. Therapy, Emotions and the Culture of Self-Help. Berkeley 2008.
3   Becks Neologismus aus *fact* und *fiction* bezeichnet „auf Fakten basierende, fiktionale Inhalte".
4   „Progressivismus" ist eine in den USA weitverbreitet Strategie und Praxis, sich für sozialstaatliche Reformen einzusetzen.
5   Fox News, 13.5.2010. Siehe: http://www.foxnews.com/story/0,2933,592785,00. html [abgerufen am 20.01.2012].

6 L. Williams: Playing the Race Card. Melodramas of Black and White. Princeton 2001; E. Anker: „Villains, Victims and Heroes: Melodrama, Media and 9/11", in: *Journal of Communication* 55 (1) 2005, S. 22–37.

7 P. Brooks: The Melodramatic Imagination. Balzac, Henry James, Melodrama, and the Mode of Excess. New Haven/ London 1976.

8 P. Brooks: Die melodramatische Imagination, in: C. Cargnelli/ M. Palm (Hrsg.): Und immer wieder geht die Sonne auf. Texte zum melodramatischen Film. Wien 1994, S. 36–63, hier: S. 52.

9 G. Beck: The Real America: Messages from the Heart and the Heartland. New York 2003.

10 Brooks, Die melodramatische Imagination, a.a.O., S. 36.

11 Brooks, Imagination, a.a.O., S. 43 und 33.

12 Vgl. Anker, a.a.O., S. 24.

13 Ebd., S. 23.

14 Im Amerikanischen benutzt Beck ein Wortspiel zwecks moralischer und parteilicher Positionierung: „It's not about left and right, but about right and wrong."

15 Anker, a.a.O., S. 13f.

16 Im Original „libertarian" – dies ähnelt dem deutschen Verständnis von „liberal", ist im amerikanischen Gebrauch aber davon unterschieden.

17 AmeriCorps ist eine staatlich geförderte, gemeinnützige Organisation für soziale Aufgaben. http://www.americorps.gov/about/ac/index.asp [abgerufen am 26.1.2012].

18 Vgl. *The Glenn Beck Program*.

19 *Fox News*, 4.2.2009.

20 *Fox News*, 28.7.2009.

21 M. Vicinus: „‚Helpless and Unfriended': Nineteenth-Century Domestic Melodrama", in: *New Literary History* 13 (1) 1981, S. 127–143.

22 Williams, a.a.O. S. 300.

23 Vgl. zur Art und Weise, wie symbolischer Rassismus und Patriotismus Obamas öffentliche Wahrnehmung beeinflusst haben: C. Parker/ M. Sawyer/ C. Towler: „A BLACK MAN IN THE WHITE HOUSE: The Role of Racism and Patriotism in the 2008 Presidential Election", in: *Du Bois Review* 6 (1) 2009, pp 193–217.

24 A. Zaitchik: Common Nonsense. Glenn Beck and the Triumph of Ignorance. Hoboken, NJ 2010, S. 162.

25 Ebd.

26 Ebd., vgl. auch Beck, The Real America, a.a.O.

27 L. Williams: Melodrama Revised, in: N. Browne (Hrsg.): Refiguring American Filmgenres. History and Theory. Berkeley/ Los Angeles/ London, 1998. S. 42–88, hier: S. 65.

28 Wissenschaftliche Quellen schätzen die Besucherzahl auf ca. 87.000, die Anhänger von Beck geben bis zu einer halben Million Teilnehmende an.

29 Sarah Palin, Mitrednerin bei der Versammlung und Anwärterin für die republikanische Vizepräsidentschaft. „Amerika" wird allgemein als weiblich angesprochen, also nicht „seine" Ehre, sondern „ihre".

30 Rev. Al Sharpton. Vgl. H. Khan: „Conservative Commentator's Rally to be held on Anniversary of MLK ‚I Have a Dream' Speech", in: *ABC News*, 20.8.2010. http://abcnews.go.com/print?id=11440553 [abgerufen am 30.01.2012].
31 Vgl. C. Bushman: Contemporary Mormonism. Later-Day Saints in Modern America. Westport 2006.
32 Vgl. J. Brooks: „America's First Mormon Televangelist", URL: http://www.religiondispatches.org/dispatches/joannabrooks/3248/america's_first_mormon_televangelist [abgerufen am 30.01.2012].

Die Innenwelt der Außenwelt der Weltmarktordnung

Jörg Metelmann

In ihrem 2009 veröffentlichten Buch „Die gefühlte Ungerechtigkeit" machen sich die deutschen „Top-Ökonomen" Michael Hüther und Thomas Straubhaar Gedanken darüber, warum viele Menschen in Deutschland die auf Wachstum und Profitstreben gegründete liberale Marktordnung als ungerecht empfinden, und plädieren dafür, dass „wir Ungleichheit aushalten müssen, wenn wir Freiheit wollen".[1] Es sei rational nicht nachvollziehbar, wie etwa über Mindestlöhne oder globale Ungleichverteilung geurteilt werde. Warum nur empfindet man es als ungerecht, wenn eine Kassiererin 1500 Mal weniger verdient als ein Großbank-Vorstand? Oder warum nur empört man sich, wenn die Ärmsten zwar ein wenig reicher, aber viel weniger (schnell) reich werden als die Bestverdiener?[2]

Dieses Unverständnis nährt seitens der Wirtschaftsprofessoren den Wunsch, die „Verkrustungen einer verfehlten Sozialstaatsideologie" aufzubrechen, denn wie „jeder Lebensbereich, jedes Feld der Politik, jede Gestaltung des gesellschaftlichen Miteinanders" bedürfe auch die Sozialpolitik und ihr „Überbau" der „gelegentlichen Überprü-

fung".[3] Dass dies folgerichtig auch für das Wirtschafts-
denken selbst gilt, hat den Ko-Autor Straubhaar angesichts
seiner krassen Fehleinschätzungen zur Finanzkrise mittlerweile dazu geführt, die noch im Buch vertretene Markt-
Apologie als verkrustete Ideologie zu desavouieren,[4] wofür
ihm wiederum von Kollegen prompt der Sachverstand ab-
gesprochen wurde.[5]

Man weiß so nicht ganz genau, wie man den Sachge-
halt dieses Buches drei Jahre nach der Publikation nun zu
nehmen hat. Ich möchte es deshalb als Symptom lesen, als
Ausdruck eines Unbehagens, also seinerseits als Ausdruck
von Gefühlen, gegen deren Dominanz im öffentlichen
Raum die Autoren doch so vehement polemisieren: Sie sei-
en der Totengräber der „Welt der Vernunft – zu der die
marktwirtschaftliche Ordnung zählt".[6] Sie fürchten (ein
Gefühl!) mit ihrer Gewährsfrau Hannah Arendt um das
nüchtern-sachliche Miteinander im öffentlichen Raum,
wenn speziell Medien das Private nach außen tragen.
Überall Bekenntnis- und Promi-Shows, überall Stamm-
tisch-Niveau, überall „gefühlte Temperatur", „gefühlte In-
flation" oder eben: „gefühlte Ungerechtigkeit". Moral und
Gefühl müssten jedoch strikt getrennt bleiben im politischen Raum: „Das Problem falscher Moralisierungen ist,
dass sie komplexe Sachverhalte und Problemlagen auf den
simplen Gegensatz von Gut und Böse, Gerecht und Ungerecht oder ‚Akzeptabel' und ‚Inakzeptabel' reduzieren."[7]

Das Gefühl des Unbehagens erwächst den Autoren
ganz offensichtlich aus den deutschen Debatten um Hartz
IV und neue Armut, ihre Gegenwehr nimmt aber eine be-
trächtliche Flughöhe auf, wenn über die Stichworte „Welt

der Vernunft", „Individuum der Neuzeit"[8] und „Gerechtigkeit als Fairness"[9] die Gründungsdiskurse der modernen
Welt aufgerufen werden, wie sie sich seit dem 18. Jahrhundert formiert. In diesem zitierten größeren Zusammenhang möchte ich das Thema „gefühlte Ungerechtigkeit"
nicht als beseitigbares Übel wie Hüther und Straubhaar rationalistisch missverstehen, sondern als inhärentes Problem moderner westlicher Demokratien positionieren: Mit
dem Melodram hat sich ein eigener kultureller Modus formiert, der genau diese Wahrnehmungen adressiert und
symbolisch bearbeitet. Er berichtet aus der Innenwelt von
Menschen und ganzen Teilen der Gesellschaft, denen die
Versprechungen der Moderne – zu denen das liberale
Markt-Versprechen gehört, wie wir gelesen haben – versagt
bleiben. Es sind dies nicht die funktionalen Gefühle, auf
die man zum Überleben in der humanen Außenwelt der
globalen Kapitalströme angewiesen ist, von Servicelächeln
bis soziale Intelligenz in der Teamarbeit. Die „gefühlte Ungerechtigkeit" ist das Ziel einer Reise in die Innenwelt der
Außenwelt der Weltmarktordnung. Auf dem Weg folgen
zunächst einige argumentative Vorbereitungen.

Die „Moderne" lässt sich natürlich äußerst vielseitig verstehen und bestimmen. Ein plausibler Ordnungsgedanke,
entwickelt vom Kulturhistoriker Heinz Dieter Kittsteiner,
schlägt die Gliederung in drei Stufen vor, unterschieden nach der jeweiligen Grundaufgabe, der sich die Un-
terepoche stellt. Auf die „Stabilisierungsmoderne" (1640-
1680/1715) folgt die „evolutive Moderne" (1770-1880),
wiederum gefolgt von der „heroischen Moderne" (1880-

1945/89). Von besonderem Interesse ist für uns die evolutive Moderne, umfasst sie doch mit der Hochaufklärung,
der Französischen Revolution und dem Beginn der indus-
triellen Revolution die Gründungsmomente der uns noch
immer prägenden Welt. Es vollzieht sich der Übergang
von einer „fortschreitenden Weltbemächtigung" hin zu
einem „weltbemächtigenden Fortschritt", die Geschichte
wird also grundlegend dynamisiert: „[D]ie beschleunigte Zeit dessen, was ich die ‚evolutive Moderne' nenne, ist
insofern vor beiden anderen Schichten ausgezeichnet, als
sie überhaupt eine neue Zeit in der Weltgeschichte hervorgebracht hat."[10] Nicht mehr die Beruhigung der Unruhe (Bürger-, Großmacht-, Konfessionskriege) steht im
Vordergrund, sondern die Arbeit in dem Glauben, die Geschichte machen und verändern zu können – und sei es
auch mit der gedanklichen Unterstützung von Hilfskon-
struktionen wie einer „Naturabsicht", der „Unsichtbaren
Hand des Marktes" oder des „Weltgeistes". Nach den ge-
scheiterten demokratischen Revolutionen der 1830er und
1840er Jahre blättert allerdings der Lack von dieser großen Erzählung des historischen Fortschritts ab. Die dyna-
mische Geschichte erscheint nun ziemlich nackt so, wie
Marx sie beschrieben hat und wie wir sie heute vielleicht
mehr denn je auch wahrnehmen: als ein globalisierter, stetig akzelerierter Prozess der schrankenlosen Kapitalakkumulation. Der Weltgeist hat sein *fundamentum in re* in der
Weltmarktordnung.[11]

Dies kann weder die heroische Moderne mit ihren
zivilisationskritisch-totalitären Wendungen gegen den
Fortschritt verhindern noch die heutige „Globalisierungs-

moderne", die Kittsteiner ein wenig unschlüssig als vierte Stufe andenkt, entscheidend ändern. Die alles prägende Signatur der evolutiven Moderne verändert schließlich auch die Aufgabe der Stabilisierung, die seit der ersten Stufe mit zur Entwicklung der Moderne gehört: Sie sei als mögliche Entschleunigung nicht mehr *gegen* die Logik der Kapitalverwertung zu denken, sondern nur mit ihr im Sinne eines Fließgleichgewichts. Die von Hüther und Straubhaar beobachtete „gefühlte Ungerechtigkeit", mit Nietzsche etwas zu heroisch beschreibbar als eine Form kapitalistischer „Weltverdüsterung" des Alltags im rundsanierten Wohlfahrtsstaat, scheint so auch zum Leben in einer gründlich ent-teleologisierten Geschichte zu gehören, die selbst ihr Ende im Jahr 1989 überlebt hat.[12]

Das Subjekt, das diese Balance-Akte eines Fließgleichgewichts vollführen muss, ist ein emotionaler Mensch, dessen Gefühle als Ressource der post-fordistisch flexibilisierten Jobwelt vollständig kapitalisiert sind, wie unter anderem Eva Illouz gezeigt hat.[13] Dieses Subjekt formiert sich nicht erst zu Beginn des 20. Jahrhunderts, wie Illouz ihre Geschichte der Moderne als Geschichte der Emotionen der Moderne in „Gefühle in Zeiten des Kapitalismus" skizziert, sondern schon mit der evolutiven Moderne ab 1770.[14] Zu diesem Zeitpunkt löst der *homo oeconomicus* den *homo compensator* ab, wie Joseph Vogl in seiner Wissenspoetik des ökonomischen Menschen in anderer Terminologie als Kittsteiner den gleichen Übergang von der Epoche der Stabilisierung zu der der Beschleunigung fasst. Es sei nicht mehr „die Symmetrie des Ausgleichs, sondern eine kon-

tinuierliche Selbstoptimierung, nicht mehr das Maß der
Bedürfnisse, sondern grenzenloses Verlangen, nicht mehr
ein vitales Gleichgewicht, sondern ein sich selbst verzeh-
rendes Leben", das nun eine völlig neue Haltung zur Welt
und dem Wissen von ihr hervorbringe.[15] Dieses Wissen
gründe in dem behaupteten Primat des Ökonomischen in
der Doppelbewegung der Begrenzung einer Wissenschaft
und der gleichzeitigen Universalisierung ihrer Kategorien,
will sagen: Das ökonomische System ist *die* Wirklichkeit
aller Systeme, der ökonomische Mensch ist *die* Wirklichkeit des Menschen und die ökonomische Gesellschaft ist
das Reale des Sozialen. Die Doppelbewegung macht Vogl
an vier Momenten fest, die uns weiterführen können: *erstens* wird der ordnende politische Souverän durch Prozesse
der Selbststeuerung ersetzt, wodurch sich immer neu die
Frage nach dem Verhältnis von Eigenorganisation, Institutionen und Recht stellt; *zweitens* mutieren die Ökonomien
von Bedürfnisbefriedigungsarrangements zu Wunschpro-
duktion und Knappheitsmanagement; *drittens* ist dem Leben
und Wirken der Subjekte nun eine „innere Endlosigkeit"
eingeschrieben, da sich Prozesse und Produktion aufgrund
der Entfremdung von der Arbeit nicht mehr abschließen
lassen; und *viertens* ändert sich der Gebrauch der Zeichen
von einer festen Beziehung zwischen Repräsentation und
Ding zu einer „Verzeitlichung der Semiosen", in der sich
Kreditökonomie (Geld) und Poesie (Text) programmatisch
nahe sind als Zeichenform, „für die das Bedeuten ein un-
abschließbarer, stets sich verzehrender Prozess geworden
ist und schließlich eine Zirkulation des Scheinhaften dokumentiert."[16] Der *homo compensator* wird durch ein „unru-

higes, weltbürgerliches Subjekt und ‚freihandelndes' Wesen"[17] abgelöst, in dem sich bereits das „unternehmerische
Selbst"[18] des beginnenden 21. Jahrhunderts erblicken lässt.

Man kann die vier Punkte für unsere Zwecke als vier Probleme paraphrasieren: Das Problem der Demokratie, das
Problem der verlorenen Mitte, das Problem des gelingen-
den Lebens und das Problem der Lesbarkeit der Welt. Um
1800 formiert sich nun in der nachrevolutionären französischen Dramatik mit der melodramatischen Einbildungskraft ein kultureller Modus, der auf alle diese Probleme
eine gefühlsethische Antwort gibt:

> Pixerécourts [französischer (Melo-)Dramatiker, J.M.] Theater
> ist ein Theater pompöser und absoluter moralischer Gebilde,
> die auf Reichweite des Volkes gebracht werden, ein verfüg-
> bar gemachtes moralisches Universum. Dass das Melodram
> während der Revolution geboren und mit *Coelina* [literaturge-
> schichtlich das erste ‚richtige' Melodram, J.M.] von 1800 er-
> wachsen geworden sein soll, ist alles andere als zufällig. Es ist
> sowohl im Hinblick auf sein Publikum als auch sein eigentli-
> ches Anliegen zutiefst demokratisch. Es stellt die Demokrati-
> sierung der Moral und ihrer Zeichen dar.[19]

Der Literaturwissenschaftler Peter Brooks imaginiert den
kulturellen Modus Melodram als Reaktion auf den Verlust
der Bindekraft der Religion (Kirche) wie auch der politischen Institutionen (König) nach der Französischen Revolution, wodurch die Stabilität einer hierarchisch strati-
fizierten Gesellschaft in die Dynamik einer funktionalen
Gesellschaft übergeht. Das Melodram antwortet darauf mit
der Wiedereinsetzung einer klaren manichäischen Ordnung von Gut und Böse, die sich im von Brooks so benann-

ten Moralisch-Okkulten unter der Oberfläche der säkulari-
siert-rationalen Denkungsart verbirgt, an die auch Hüther
und Straubhaar wiederholt appellieren. Das Moralisch-
Okkulte ist eine moralische Sphäre, die sich dem Unbewussten vergleichen lässt und auf Freud vorverweist, weil
sie die tiefsten Wünsche und Begierden in sich birgt, und
zwar nicht nur sexueller Natur, sondern auch moralischer
und politischer. Für die melodramatische Einbildungskraft
ist diese Zone der Kraftquell und das Zentrum der Welt,
und die Funktion des Melodrams ist die Gewährleistung
des Zugangs zu ihm.

Dieser Verlust einer verbindenden und verbindlichen
Mitte (Brooks nennt es mit Rudolf Otto und Clifford
Geertz „das Heilige") artikuliert sich unter anderem in der
Differenz zwischen *citoyen* und *bourgeois*: Die rasante Industrialisierung wirft für das 19. Jahrhundert in der Folge das
Problem auf, wieso Heerscharen von Menschen im wirtschaftlichen Elend leben, obwohl sie eigentlich freie Bürger
sind. Dieses Problem zu lösen oder zumindest zu bearbeiten ist seither neben politisch-praktischen Ansätzen, man
denke an Bismarcks Sozialgesetzgebung, vor allem eine
Funktion der Fiktionen, die das kulturelle Imaginäre der
modernen Gesellschaften mit Geschichten über Gerechtigkeit und Anerkennung bevölkern: Hierzu zählt unter anderem auch der „Schleier der Ungewissheit" von John Rawls,
auf den sich Hüther und Straubhaar berufen. Das Melodram
eröffnet hierzu im Gegensatz die verführerische Möglichkeit, sich als Opfer zu fühlen, das aus dem Zustand der
Unschuld vertrieben und dessen Tugend nicht anerkannt
oder gar schurkisch missbraucht wird. Es ist die trianguläre

Konstellation von tugendhaftem, meist weiblichem Opfer, radikal bösem Schurken und moralisch gutem Held, die die moralische Lesbarkeit der Welt wiederherstellt: Wer steht im Licht und wer im Dunkel, wer ist im ewigen Kampf zwischen Gut und Böse auf welcher Seite? Mit wem kann ich handeln, gegen welchen Schurken muss ich handeln? In der ersten Hälfte des 19. Jahrhunderts findet das Melodram vor allem in England große Verbreitung, weil sich das entstehende städtische Proletariat in seiner Ohnmacht auf der Bühne gespiegelt sieht: als Opfer, das aus den Unschuldsräumen der Familie und des Landlebens vertrieben, dessen Tugend und Natürlichkeit von ausbeuterischen Unternehmerschurken missbraucht werden.[20] Man fühlt sich ungerecht behandelt und schreit nach Anerkennung, vielleicht sogar Änderung, den heroischen Gegenschlag im Kollektiv – es verwundert bei dieser Konstellation nicht zu sehr, dass auch Karl Marx von der melodramatischen Einbildungskraft Gebrauch machte und seine Vorstellung geschichtlicher Abläufe als weniger wissenschaftlich sozialistisch, sondern vielmehr genuin melodramatisch lesbar wird.[21]

Die Dramaturgie des Melodrams ermöglicht die breite, demokratische Verständlichkeit vor allem durch seine Ästhetik des Exzesses. Der Einsatz von „stummem Text" (mute text), also theatralischen Gesten, Pantomime, Musik, Farben in Kostüm und Bühnenbild pressen im Verbund mit den narrativ klar gezeichneten, mono-pathischen Figuren das moralische Urteil über die Situation gleichsam hervor – eine Klarheit der Analyse für die aufkommenden Massengesellschaften, die mitnichten einfach herzustellen, ja sogar zunächst zu erfinden ist, dem Melodramatiker aber nichtsdestoweniger die Genugtuung einer wirklichen Aufgabe im Leben schenkt: „Die Melodramatiker weigern sich, der Behauptung, die Welt sei aller Transzendenz beraubt, zuzustimmen, und finden diese Transzendenz im Kampf der Kinder des Lichts mit den Kindern der Dunkelheit, im Schauspiel des ethischen Denkens."[22]

In der durch Brooks seit 1976 angeregten Forschung ist die Melodram-Deutung als Kompensationsmodus der Moderne auf das Problem der „gefühlten Ungerechtigkeit" zugespitzt worden: „Im affektiven Zentrum eines demokratischen Gemeinwesens, das seinen inneren Zusammenhalt […] primär aus sich selbst heraus generieren muss, stehen Fragen der Gerechtigkeit", betont Christoph Decker und hebt die Bedeutung der Fiktionsbildung generell für die kulturelle Arbeit an den sozialen Widersprüchen hervor.[23] Das Melodram mit seiner produzierten Sympathie für die Entrechteten, die Machtlosen und unschuldig Benachteiligten leiste insofern einen wichtigen Beitrag zur Ausweitung demokratischer Rechte, bewege sich dabei jedoch in einer grundlegenden Gefühlsambivalenz: Einerseits müsse die Darstellung zur Steigerung des Unrechtsempfindens mitreissend und parteiisch sein, damit dem Opfer symbolisch der Erhalt seiner Rechte zugebilligt wird; andererseits dürfe diese Darstellung nicht zu viel Lustgewinn aus Differenzen in Status, Habitus oder Rasse ziehen, wenn die grundlegende Vorstellung der Gleichheit nicht beschädigt werden soll.

Wichtig ist hierbei, noch einmal die grundsätzliche Kopplung von Moral und Gefühl im Melodram zu betonen: „Theatralisches Schauspiel und manichäische Polaritäten sind nicht das Wesen der Form. Sie sind Mittel zu etwas Wichtigerem: Das Erreichen eines gefühlten Guten, das Verschmelzen – vielleicht sogar der Kompromiss – von Moral und Gefühl."[24] Linda Williams hat als maßgebliche Interpretin des Melodrams als der genuin amerikanischen Art und Weise, über die Nation und ihren Zustand nachzudenken, dieses Verschmelzen als einen ästhetischen Prozess in fünf Schritten[25] beschrieben:

Erstens beginne jedes Melodram in einem realen oder fiktionalen Unschuldsraum, wohin es seiner Logik nach auch stets zurückstrebt. Decker hat dazu angemerkt, dass es jedoch irreführend sei, wenn man das Melodram reaktionär versteht und ihm eine atavistische Fixierung auf die Vergangenheit vorwirft. Vielmehr sei das Eingeständnis des Verlusts die Vorbedingung für eine Neuorientierung und den wiederholten Versuch, Gerechtigkeit und den sozialen Zusammenhalt gegen die zentrifugalen Tendenzen einer post-metaphysischen Welt zu behaupten.[26] *Zweitens* betone das Melodram die Anerkennung der Tugend der Opfer-Helden. *Drittens* leiht sich das Melodram Elemente einer realistischen Darstellung, löst die Konflikte jedoch spezifisch melodramatisch als individuelle und gefühlsethische und eben nicht politisch-soziale Probleme. *Viertens* werde der Kampf der Tugend in einer Dialektik von Pathos und Action gezeigt, der temporal in der Spannung von „gerade noch rechtzeitig" („in the nick of time") und „zu spät" („loo late") verlaufe. Und *fünftens* werden die Plots um die ‚flachen' Charaktere arrangiert, die in manichäischen Rollen stecken, also sehr deutlich als ‚gute' oder ‚böse' Menschen wahrgenommen werden.

Der prominente amerikanische Regisseur Michael Moore
hat mit *Kapitalismus: Eine Liebesgeschichte* im Jahr 2009 einen
melodramatischen Dokumentarfilm vorgelegt, der in allen Punkten diesem Schema entspricht. Sein Thema ist für
unsere Frage einschlägig, dreht Moore doch zur gleichen
Zeit, in der Hüther und Straubhaar am Schreibtisch sitzen.
Und er behandelt auch genau ihre Frage: Warum fühlt sich
Kapitalismus für viele so ungerecht an? Natürlich kommt
er – wer den Film gesehen hat oder Moore kennt, weiß
das – zu völlig anderen Antworten als die Wirtschaftsprofessoren, was auch mit der melodramatischen Prämisse
seines Erzählens zu tun hat, die eine gefühlsethische Antwort sucht und keine rational nachzuvollziehende Statisti-
kexegese betreibt – die hält ein Land nämlich ideell nicht
zusammen.

Die Liebesgeschichte zwischen Amerika und dem Kapitalismus lässt der Film in einem Raum der Unschuld (1)
beginnen: Es ist die Mittelschicht-Kindheit des 1954 gebo-
renen Filmemachers als Sohn eines Fließbandarbeiters bei
GM mit sicherem Einkommen und Rente, langem Urlaub
und abbezahltem Haus. Der Raum dieses attraktiven Kapitalismus reicht vom Ende des Zweiten Weltkriegs, in dem
man die Konkurrenten auf dem Automobilmarkt Deutschland und Japan „in Schutt und Asche" gelegt hatte, bis zum
Ende der 1970er Jahre. Hohe Steuern für Besser- und Best-
verdienende wurden für Investitionen in die öffentliche
Infrastruktur genutzt, Mami hätte arbeiten können, musste
sie aber nicht, denn ein Einkommen reichte. Schöner bun-
ter fordistischer Industriekapitalismus.

Gerade als die Liebe richtig intensiv zu werden ver-
sprach, trat jedoch der „Miesmacher" Jimmy Carter auf
und beklagte einen kulturellen Trend, nach dem nur noch
Status und nicht mehr Leistung zähle. Das wollte laut Film
niemand hören, weshalb der „Sheriff" Ronald Reagan 1980
zum Präsidenten gewählt wurde, der nun aber das Land
„für immer" in die Hand der Konzerne geben sollte, die
viel weniger Steuern bezahlten, die Gewerkschaften zer-
schlugen und Jobs strichen für kurzfristige Profite. Kurz:
Der Schurke Reagan mit seinem Stab aus Finanzkapitalisten
im Hintergrund (Don Regan von Merrill Lynch, Alan
Greenspan) hatte das tugendhafte Amerika des einfachen,
hart arbeitenden Mannes – personalisiert in Moores Vater,
mit dem er das GM-Gelände nach der Schließung der Firma noch einmal besucht – missbraucht (2).

Die Episode um die Firma Republic Windows and
Doors in Chicago, die sich an den GM-Bankrott anschließt
und über den ganzen Film weiter entwickelt wird, entfaltet
diesen manichäischen Kampf (5) zwischen ,guten' ,real-
wirtschaftlichen' Arbeitern und ,bösem', weil auf Börsen-
Notierung schielenden ,finanzwirtschaftlichem' Management noch in der Hinsicht weiter,[27] dass eindeutig die Position der Opfer-Helden (2) bezogen wird. Wir sehen
weinende Arbeiter („it really hurts, this is my second family"), die aber nicht aufgeben und sich über einen bald landesweit wahrgenommenen Streik die Sympathien nicht
nur von Kandidat Obama sichern, sondern auch der Film-
Zuschauer.

Die für die affektive Temporalität des Melodrams
kennzeichnende Dialektik von Pathos und Action zwischen

„Zu spät" und „Gerade rechtzeitig" (4) inszeniert Moore
vor allem in der Rekonstruktion der spektakulären 700
Milliarden-Bailout-Bewilligung durch den US-Kongress,
mit der eine neue „great depression" abgewendet werden
sollte. Kurz vor der Präsidentenwahl 2008 schwankte die
Stimmung zwischen (geschürter) Furcht mit dem Ruf
nach sofortiger Handlung und dem abwartenden Einfor-
dern des parlamentarischen Rechts: „Don't let Congress
seal this Wall Street deal", ruft die Abgeordnete Marcy
Kaptur dem amerikanischen Volk zu, „these criminals
have so much political power they can shut down the normal legislative process." Und weiter: Die Abgeordneten
hätten auf die Verfassung geschworen, die Republik gegen
alle Feinde zu verteidigen, „foreign and domestic". Was in dieser Anklage vereint wird − Kriminelle, Feinde, höchst
emotionalisierende Werte (Tugenden der jüngsten Demokratie der Neuzeit vs. habgierige Schurken im Dunkel),
Zeitdruck, die rhetorisch forcierte unbedingte Notwendigkeit zu handeln[28] −, geht melodramatischer nicht.

Moores Botschaft könnte auf unsere Frage bezogen
lauten: Lasst euch nicht von Professoren wie Hüther und
Straubhaar erzählen, dass es ‚vernünftig' ist, Spekulanten
mit 700 Milliarden Dollar aus Steuergeldern zu subventio-
nieren, weil dies die Wettbewerbsfähigkeit eurer Volks-
wirtschaft, genauer: des wichtigsten nationalen Finanz-
marktes, garantiert, über die sich wieder weiterer Wohl-
stand − der Theorie nach: für alle − schaffen lässt. Nein,
empfindet es als ungerecht, dass Rationalisierungen als sys-
temnotwendig gelten, Bankpleiten jedoch politisch mit
dem Argument „too big to fail" verhindert werden. Hört

auf euer Gefühl, denn nur, wenn das stimmt, kann man den Glauben zurückgewinnen, dass man als Bürger des Landes zu einer Kultur des Miteinander gehört und nicht zu einer Buchhaltungsabteilung.

Natürlich ist Amerika nicht Europa, ist der amerikanische Kapitalismus nicht der Rheinische Kapitalismus, ist die melodramatische Sentimentalität Amerikas nicht die Gefühlskultur Deutschlands. Mutmaßlich ist es sogar diese emotionale Differenz, die manchmal für transatlantische Verstimmung sorgt. Was aber diese Skizze vielleicht andeuten konnte, ist die Position der Gefühle in der westlichen Moderne: Sie sitzen nicht am Katzentisch unserer ,aufgeklärt-rationalen' Kultur, den Hüther und Straubhaar bevorzugt mit dem Stammtisch assoziieren, sondern sind Teil einer romantischen Expressivität, die zu Individualismus und der Freiheit – hier ist der Schnittpunkt zum Ansatz der Ökonomen – zur Selbstverwirklichung genealogisch elementar gehört.[29]

Das Melodram berichtet aus der Innenwelt von Menschen, Milieus und ganzen Ländern, die das liberale Markt-Versprechen „Everyone's a winner, Babe" trotz gegenteiliger Liedzeile schlicht für eine Lüge halten. Es sind dies nicht die funktionalen Gefühle, die man zum Überleben in der humanen Außenwelt der nicht wahrnehmbaren globalen Kapitalströme braucht und die bereits der Klassiker Adam Smith mit dem Sammelbegriff „Sympathie" dem kalkulierenden Tauschprofitstreben an die Seite gestellt hat.[30] Melodrama ist die nicht rhetorische Frage an das Herz des modernen Individuums, ob es mehr gibt als

Mehrwert.[31] Dieses Anliegen muss man nicht gutheißen,[32] wegdiskutieren kann man es aber nicht, nicht zuletzt, weil der melodramatische Modus im ästhetischen Exzess selbstreflexiv ausstellt, dass gefühlte Gerechtigkeit nicht tatsächliche Gerechtigkeit heißt. Wenn man nicht weiter die katastrophal produktive Illusion eines entbetteten Wirtschaftssubjekts als Inhalt einer dualen Geist-Körper-Form perpetuieren möchte, könnte es aber sogar klug sein, die Nachrichten aus der Innenwelt der Außenwelt der Weltmarktordnung zu hören und zu deuten, die der melodramatische Modus als Parallelaktion der Moderne seit gut 200 Jahren versendet.

Anmerkungen

1   So der Untertitel des bei Econ/ Ullstein in Berlin erschienenen Buches; „Top-Ökonomen" nennt sie der Klappentext unter Bezug auf die Süddeutsche Zeitung und die Deutsche Welle.

2   Dazu eine markante Passage im O-Ton, S. 21: „In der Tat hat weltweit die Ungleichheit der Einkommensverteilung in den vergangenen zwei Dekaden zugenommen. Gleichzeitig gilt aber auch, dass die durchschnittlichen Realeinkommen der ärmsten Bevölkerungsgruppen überall gestiegen sind. Die größere Ungleichheit geht demnach absolut und real nicht zulasten der Ärmsten, sie ist vielmehr durch die vermehrte Bedeutung höherer Einkommen getrieben." Diese Konstellation arbeitet etwa der mehrfach prämierte Dokumentarfilm *Let's make Money* von Erwin Wagenhofer in harten Kontrastierungen kritisch durch.

3   Ebd., S. 313.

4   Vgl. Miriam Olbrisch/ Michaela Schießl: Warum bringt uns keiner Krise bei? Versagen der Uni-Ökonomen, in: *Spiegel Online*, 28.12.2011. URL: http://www.spiegel.de/unispiegel/studium/0,1518,803953,00.html [abgerufen am 20.01.2012]

5   Vgl. R. Bachmann: Lernt unsere Sprache, bevor ihr mitredet. Ein Uni-Ökonom teilt aus, in: *Spiegel Online*, 5.1.2012. URL: http://www.spiegel.de/unispiegel/studium/0,1518,807029,00.html [abgerufen am 20.01.2012].

6   Hüther/ Straubhaar, S. 316.

7   Ebd., S. 319.

8   Ebd., S. 16, mit Bezug auf Hannah Arendt.

9   S. 32ff., mit Bezug auf John Rawls.

10 H. D. Kittsteiner: Wir werden gelebt. Formprobleme der Moderne. Hamburg 2006, S. 40 (unter Rückgriff auf eine Unterscheidung von Christian Meier) und 32 (in Anlehnung an die Arbeiten von Reinhart Koselleck).

11 Ebd., S. 43.

12 Francis Fukuyama beschrieb nach Kittsteiners Modell allein das Ende der heroischen Moderne.

13 E. Illouz: Gefühle in Zeiten des Kapitalismus. Frankfurt am Main 2006, S. 33ff.

14 Vgl. dazu ihre Ausführungen in der Diskussion in diesem Band.

15 J. Vogl: Kalkül und Leidenschaft. Poetik des ökonomischen Menschen. Berlin/ Zürich 2008, S. 289.

16 Ebd., S. 349f.

17 Ebd., S. 350.

18 Vgl. U. Bröckling: Das unternehmerische Selbst. Soziologie einer Subjektivierungsform. Frankfurt am Main 2007.

19 P. Brooks: The Melodramatic Imagination. Balzac, Henry James, Melodrama, and the Mode of Excess. New Haven 1995 [1976], S. 43f., Übersetzung J.M.

20 Vgl. C. Gledhill: The Melodramatic Field: An Investigation, in C. Gledhill (Hrsg.): Home is where the heart is. Studies in Melodrama and the Woman's Film. London 1987, S. 5–39, hier: S. 20f.

21 T. M. Kemple: Reading Marx Writing. Melodrama, the Market, and the „Grundrisse". Stanford 1995.

22 P. Brooks: Die melodramatische Imagination, in: C. Cargnelli/ M. Palm (Hrsg.): Und immer wieder geht die Sonne auf. Texte zum melodramatischen Film. Wien 1994, S. 36–63, hier: S. 61.

23 C. Decker: Hollywoods kritischer Blick. Das soziale Melodrama in der amerikanischen Kultur 1840-1950. Frankfurt 2003, S. 12ff.

24 L. Williams: Melodrama Revised, in: N. Browne (Hrsg.): Refiguring American Filmgenres. History and Theory. Berkeley/ Los Angeles/ London, 1998. S. 42–88, hier: S. 55.

25 Ebd., S. 65–80.

26 Decker, a.a.O., S. 42.

27 Vgl. dazu die Ausführungen zur Chrematistik bei J. Vogl: Das Gespenst des Kapitals, Zürich 2010/11, S. 118.

28 Und sei es, wie am Ende des Films, die symbolische Handlung des real physischen Absperrens von Wall Street mit „Crime Scene Do Not Cross"-Bändern.

29 Vgl. C. Taylor: Quellen des Selbst. Die Entstehung der neuzeitlichen Identität. Frankfurt am Main 1996.

30 Vgl. Vogl, Kalkül, a.a.O., S. 87.

31 Es lässt sich damit auch als romantische Subjektivität positionieren, wenngleich als besondere Form derselben, vgl. dazu A. Reckwitz: Das hybride Subjekt. Eine Theorie der Subjektkulturen von der bürgerlichen Moderne zur

Postmoderne. Weilerswist 2006, S. 204–242; sowie M. Frank: Steinherz und
Geldseele. Ein Symbol im Kontext, in: Ders. (Hrsg.): Das kalte Herz und andere
Texte der Romantik. Frankfurt am Main 1981, S. 253–387.

32 Vgl. dazu die treffende Beschreibung von Linda Williams, a.a.O., S. 82 (Übersetzung J.M.): „Wir können über die Vereinfachungen und Verwirrungen der
Lösung für diese [sexuellen, Rassen- und Gender-] Probleme schimpfen; wir
können das Fehlen moralischer Mehrdeutigkeit in der Auflösung sehr hartnä-
ckiger und tief verwurzelter Probleme – am drängendsten die von Rasse, Klas-
se, Geschlecht und Ethnie –, die sich das Melodram vornimmt, bedauern; wir
können die perverse Verortung des moralischen Kraft in der Rolle des Opfers
bedauern; aber selbst wenn wir über die Begrenzungen der Form schimpfen,
müssen wir doch anerkennen, dass das Melodram die langlebigste, vorherr-
schende und auch populäre Form ist, diese Probleme anzusprechen."

IV. Selbstmanagement

Seelendividende
Über Rollenspiele und emotionales Engagement

Wolfgang Engler

1.

Der Schauspieler als Modell des öffentlichen Menschen — Philosophen und Anthropologen vertraten diese Auffassung, und wenn sie auch zu kurz greift, ist sie doch wohl begründet. Der Schauspieler führt auf seiner Bühne exemplarisch vor, was der Staatsmann, der Richter, der General oder der geistliche Würdenträger auf der je ihren demonstrieren: reflektierte Künstlichkeit im Umgang mit sich selbst, mit Stimme, Leib und Mienenspiel. Diese wie jener entwerfen sich bewusst für andere, die ihnen dabei zusehen, aus Vergnügen oder Pflicht, und kontrollieren ihre Ausdrucksmittel, ihre Ausdrucksweise an dem Entwurf. Sie übersetzen den Entwurf, das innere Bild der Rolle, in einen Gestus, der Zunge, Augen, Hände unabhängig von äußeren Störeinflüssen und inneren Befindlichkeiten in Bewegung setzt. Spontaneität, sofern sie statthat, steht im Dienst der Rolle; alles, was geschieht, geschieht aus Willkür, Zufall ausgeschlossen, oder?

2.

Kürzlich zeigten die Nachrichten eine Ministerin des neuen Kabinetts in Griechenland. Sie gab die Schrumpfung der Sozialbudgets bekannt, die die Regierenden unter dem Druck der großen Gläubiger beschlossen hatten. Als sie beim Kapitel Renten ankam, spiegelte ihr Gesicht erste Anflüge von Mitgefühl, das alsbald die Oberhand gewann: sie fiel ins Weinen und brach, nachdem der Versuch, sich wieder zu versammeln, gescheitert war, die Rede ab. Ihr Vorstellungsvermögen hatte ihr einen Streich gespielt, war in die Rolle eingedrungen und zersetzte sie von innen. Ein seltenes Schauspiel, das man wohl weniger selten sähe, vergegenwärtigten sich Politiker die bedrückenden Folgen, die manche ihrer Entscheidungen für andere heraufbeschwören. Volksvertreter, die schluchzen, währenddessen sie „schmerzliche Einschnitte" mit „ausweglosen Sachzwängen" begründen, bieten dem Publikum ein zwiespältiges Bild, setzen sich, je nach Perspektive, entweder dem Vorwurf mangelnder persönlicher Konsequenz oder der gegenteiligen Rüge aus, die auf einen Mangel an Rollenkonsequenz erkennt.

3.

Konsequentes, lückenloses Rollenspiel war das Erkennungsmal des Höflings. Nur als öffentliches Wesen ganz bei sich, Figur mit Haut und Haaren, Menschenkenner noch dazu von hohen Graden, rechnete er beständig mit dem Schlimmsten, mit Verstellung, Lüge und Intrige, und schloss noch aus dem instinktiven Augenzwinkern seines Gegenüber auf dessen vermutlich feindliche Motive. Wahrlich ein Meister im Lesen der anderen bestand sein Ideal paradoxerweise darin, unlesbar zu sein, verschlossen, rätselhaft. Das Paradox zu leben musste einer den anderen im Eifer ausstechen, die eigenen kreatürlichen Neigungen rastlos zu beaufsichtigen und daran zu hindern, an die Oberfläche durchzubrechen. Jeder hatte seinesgleichen genau genug beobachtet, um bei Bedarf die Merkmale einer beliebigen Gemütsregung geschehen zu lassen, ohne seine tatsächlichen Stimmungen und Absichten kundzutun. Das Äußere gegen die Anwandlungen des Inneren abzuschirmen, Zeichen auszusenden, die das Bezeichnete verdeckten statt zu offenbaren, das war die Kür des Höflings, darin zu glänzen sein Lebenselixier. Folgerichtig beanspruchte dieser Ausbund an Zivilisiertheit, an Selbst-Abständigkeit den Ehrenplatz gleich neben dem Berufsschauspieler. Als Figur des realen Lebens verriet er dessen Geheimnis, so wie der professionelle Schauspieler das Geheimnis jedes öffentlichen Menschen preisgibt: den allzeit kühlen Kopf. Der kühlste Kopf ist jener, der auf Befehl errötet.

4.

„Sagt man nicht bisweilen auch in der Gesellschaft, ein Mensch sei ein großer Schauspieler? Darunter versteht man nicht, daß er empfinde, sondern im Gegenteil, daß er hervorragend simuliere, obgleich er nichts empfindet. Die Rolle ist viel schwieriger als die des Schauspielers, denn ein solcher hat auch noch Reden zu erfinden, hat also zwei Aufgaben zu erfüllen – die des Dichters und die des Schauspielers. Der Schauspieler mag auf der Bühne gewandter sein als der Schauspieler in der Gesellschaft der vornehmen Welt; aber glaubt man etwa, daß der Darsteller auf der Bühne eindringlicher und geschickter als ein alter Höfling in der Gesellschaft Freude, Trauer, Empfindsamkeit, Bewunderung, Haß und Zuneigung vortäuschen könne?"[1]

5.

Als Meister der Täuschung, dem Höfling ebenbürtig, begegnet uns ein weiterer Verwandter des Berufsschauspielers, der Hochstapler. Der löst sich von sich, seiner bürgerlichen Existenz, greift zu Perücke und Kostüm, fingiert, dem Spektakel, das er inszeniert, gemäß ein sprachliches Idiom, einen kompletten Habitus, taucht, damit ausgestattet, in seine Rollen ein, wahrt, wenn es gut geht, trotzdem die Übersicht und passt sein Spiel den Zufällen des Lebens an. Weder geht es immer, noch auf Dauer gut. Betrug bleibt Betrug, selbst jenseits niederer Gelüste, und nur so, als dem Spektakel, das er aufführt, dienend, darf der Hochstapler einige Sympathie erwarten. Er täuscht andere, verstrickt sie desto anhaltender in seine Spiele, je überzeugender er *sich* täuscht, und so kann es kaum ausbleiben, dass er eines Tages in sein Auto steigt, um jemanden aufzusuchen, der nur in seiner Erfindung existiert, als Teil des Plots. Statt sich die *Umwelt* anzupassen, passt er *sich* seiner selbst geschaffenen Umwelt an und wird als menschliches

Chamäleon, Woody Allens *Zelig* ähnlich, zur tragikomischen Figur. Und, nicht zu vergessen: ein Hochstapler entwürdigt seine Kunst, indem er das soziale Band noch vor dem ersten Wort, der ersten Handlung kappt und seine „Mitspieler" infantilisiert. Diese mimen ehrlich, er verlogen und um so besser, je unbeirrter seine Opfer die Rolle, die er ihnen zuweist, im Bewusstsein spielen, sie wären gleichwertige Partner.

6.

Bezieht man leibhaftige Gefühle in die Gestaltung einer Rolle ein, geht man persönlich aus der Deckung, ruft Energien auf, die in abgemessenen Dosen der Funktionsausübung durchaus zuträglich sein mögen. Ein Politiker, der eigene soziale Ausschlusserfahrungen in sich wahrnimmt, während er Ungerechtigkeiten anprangert, wird nur um so überzeugender wirken, wenn er ihnen an dieser Stelle seiner Rede Raum gibt, sich in ihm auszubreiten. Dasselbe gilt für einen Verkäufer oder eine Flugbegleiterin, sofern und so lange deren künstliche Zuwendung zu anderen zusätzlich von Sympathie zehrt. Schwieriger gestaltet sich die Lage für einen Strafverteidiger, der sich emotional mit seiner Mandantin identifiziert (etwa weil er sich in sie verliebt hat) und seine Vortragsweise aus dieser starken inneren Regung schöpft, ebenso für einen Psychoanalytiker, der die auf ihn gerichteten Projektionen eines Klienten zu sehr auf sich wirken lässt. Piloten schließlich oder Chirurgen möchten wir durchgehend selbstbeherrscht zu

Werke gehen sehen, *sine ira et studio*. „Echte" Gefühle können das Rollenspiel beflügeln und ebenso gefährden, auch
auf der Bühne. Ein an Lee Strasbergs *acting method* geschul-
ter Dramenheld wird seine Empfindsamkeit der Rolle zur
Verfügung stellen und gerade deshalb darauf achten müssen, dass sein Spiel präzise bleibt, an einem Abend wie
am anderen. Um die mit einer *Alltagsrolle* verknüpften *sozialen* Erwartungen zu erfüllen, genügt es vielfach, die sie
auszeichnenden Merkmale gestischer, mimischer, rhetorischer oder emotionaler Art kühl zu produzieren.

7.

Gefühlsmasken in kooperativer Gesinnung aufsetzen – das
ist denkbar und taugt als Regel des großen Miteinander.
Man wahrt das Caché, putzt sich heraus, verbirgt seine üble
Laune hinter einem Lächeln; sofern das nicht in betrügeri-
scher Absicht geschieht, was wäre dagegen einzuwenden?
Nicht die Spielformen bilden das Problem, sondern allen-
falls die Strategien, die sie verwirklichen helfen. Auf andere
„nur" täuschend echt zu wirken, wie jemand, dem man
trauen kann, das geht in Ordnung, *wenn* man ihm, ihr trau-
en kann. Gewissheit gibt es diesbezüglich keine, zumindest
nicht im Präsens, jeder Akt im Hier und Jetzt kann entweder aufrichtig oder unaufrichtig, im ärgsten Falle zynisch
sein, das erfahren wir erst später – oder nie. Täuschend
echte Vorstellungen – mehr sollten wir allein um der Ökonomie unseres Seelenhaushalts willen in den weitaus meisten (funktionalen) Lebenslagen weder uns noch anderen

abverlangen. Und *sollen* es doch neuerdings, besonders während unseres Tagwerks, wie sich noch zeigen wird.

8.

Gefühle sind komplexe Tatbestände: nur als individuell wahrgenommene spürbar, führen sie zugleich eine kollektive, irgendwie ätherische Existenz, wie jedes intensive Gemeinschaftserlebnis hinlänglich beweist. Als Produkte mimetischen Vermögens konservativer „Natur", von anderen abgesehen, kopiert, offenbaren sie ihren innovativen Charakter, sobald die Nachahmung mit Nuancen einhergeht, die ihrerseits stilbildend wirken, oftmals durch Kunstwerke vermittelt. Man denke an Jean-Paul Belmondo in Godards Film *Außer Atem*. Nach einem Mord auf der Flucht verliebt er sich in eine Frau, und immer, wenn er argwöhnt, sie könnte ihn der Polizei ausliefern, streicht er mit dem Daumen über seine wulstigen Lippen. Eine Allerweltsgeste, dennoch unvergesslich, ansteckend, weil mit dramatischer Bedeutung aufgeladen: so offenbart sich „Liebe von Verrat bedroht". Ob nun Neuerer oder Kopist – fühlend hantieren wir so gut mit kulturellem Inventar wie redend oder denkend. Gewöhnen wir uns an diesen Gedanken und beziehen ihn auf alle, statt, wie Diderot, nur auf den *öffentlichen* Menschen als *Repräsentanten eines Standes*. Der große Aufklärer unterschied strikt zwischen der „Wahrheit der Konvention" und der „Wahrheit der Natur", der „nackten Wahrheit, der aller Aufmachung baren Handlung", und stellte die gewöhnlichen Akteure, das Fußvolk der Geschichte, vornehmlich unter deren Einfluss. Nur ein kleiner Kreis hochgestellter Persönlichkeiten praktiziere, gleich dem Berufsschauspieler, die Techniken der Selbst-Abständigkeit; der Rest „gehorcht den Impulsen der Natur und äußert allein den unverfälschten Schrei des Herzens"[2].

9.

Einen (kleinen) Schritt weiter in der Anerkennung alltäglicher Spielfähigkeiten ging Helmuth Plessner. Gewöhnliche Menschen fühlten sich so gut wie professionelle Darsteller ihren Rollen verpflichtet und spalteten, sie zu spielen, Eigenschaften künstlich von sich ab. Nur sei dieser Spalt erheblich schmaler als beim Bühnenvirtuosen, da der „Lebensernst" zugleich mit dem Verwandlungsspielraum die Erfindungsgabe in enge Grenzen banne. Streng genommen begegneten uns im Parkett Akteure, „deren Spiel nicht darstellen [will], es kennt nur Mit-Spieler, d. h. Mit-Menschen, und die Last des Bildentwurfs für unsere soziale Rolle ist uns durch die Tradition, in die wir hineingeboren werden, abgenommen."[3] Im Grund der Sache bestätigt der Anthropologe den Philosophen: „‚Darsteller' in seinem Beruf oder Amt wird der Mensch unter den besonderen sozialen Umständen der Repräsentation vor einer Menge, in der Volksversammlung: der Herrscher bei bestimmten Staatsakten, der Heerführer vor den Kriegern, Richter, Verteidiger und Angeklagter in der Gerichtssitzung, der Gesandte bei offiziellen Anlässen, der Priester beim Zelebrieren des Ritus. Zur Repräsentation sind nur solche berufen,

die ‚eine gewisse Rolle' spielen, die sich in und gegenüber
der Öffentlichkeit bewegen müssen."[4]

10.

Das stimmt nun nicht. Um das zu sehen, muss man zuvor-
derst zwischen „Darstellen" und „eine Rolle spielen" unterscheiden. Das Gelingen selbst elementarer sozialer Akte
wie Begrüßen oder Abschiednehmen setzt voraus, dass sie
als genau diese Akte kenntlich werden. Sie zu vollziehen
erfordert, die sie spezifizierenden Merkmale geschehen zu
lassen, ausführlicher oder verkürzter, wobei der Situation
ebenso Rechnung getragen wird wie dem Status des An-
wesenden und dem (behaupteten) eigenen Rang.[5] Wir alle
stellen „etwas" dar, noch unterhalb der Rollenschwelle.
Wer die Grundbegriffe dieser nur scheinbar simplen All-
tagsdarstellungen samt ihrer Anwendung auf den Einzelfall
nicht im Schlaf beherrscht, löst Befremden aus oder verliert gesellschaftlich den Anschluss.

11.

Auf das Rollenspiel selbst gesehen erweiterte sich der Kreis
der „Berufs"schauspieler seit Plessners Zeiten auffällig. Pha-
senweise oder durchgehend vor einem Publikum, vor Ge-
schäftspartnern, Kunden, Klienten zu agieren gehört heute
vielfach zu den selbstverständlichen Begleitumständen des
Arbeitslebens. Speziell von dienstleistenden Erwerbsperso-

nen verlangt man außer kommunikativem Geschick mehr und mehr den Nachweis performativer Kompetenzen oder zumindest die Bereitschaft, sie zu erwerben: Nicht nur Mitarbeiter der Drogeriekette „dm" durchlaufen unterdessen regelmäßig Schauspielkurse. Zudem verfügt beinahe jede Berufsgruppe über Sprecher, die die Belange des Betriebs nach außen unterstreichen; keine Feuerwehr ohne Medienbeauftragten. In Funktion spielen, repräsentieren wird zur Aristokratie für viele, oft genug zur aufgenötigten. Geschäftigkeit vorzutäuschen, vor Kundschaft, Kollegen, Vorgesetzten zählt seit je zu den unentbehrlichen Kunstgriffen des Arbeitsvolks. Der Mess-, Vergleichs-, Bewertungsfanatismus des neuen Managements spornte den demonstrativen Arbeitsfleiß noch weiter an und verallgemeinerte ihn zugleich; Funktionsausübung und Zuschaustellung gehen fließend ineinander über.[6] Mit der ausufernden Augenkontrolle weitete sich diese Praxis unten aus und griff zugleich auf höhere Etagen über. Die verschärfte Konkurrenz um auskömmliche Stellen spornte den demonstrativen Arbeitsfleiß noch weiter an. Aufs Ganze des *westlichen* Arbeitsalltags gesehen dominieren Mischungsverhältnisse zwischen funktionellen und schauspielerischen Aspekten der Berufsausübung. In jenen Teilen der Welt, in denen die informelle Ökonomie des nackten Überlebens dominiert, sehen sich Millionen von Menschen zu Armutsschauspielen genötigt; ein Theater des Elends, das seinen jämmerlichen Profit aus der (trainierten) Beschämung der Bessergestellten zieht. Unglücklicherweise stumpft das Mitgefühl im selben Maße ab, in dem es strapaziert wird.

12.

„Wir bemühen uns, den großen Gefühlen gerecht zu werden, die wir geäußert haben, so wie wir versuchen, an die
Religion zu glauben, zu der wir uns bekennen. Je größer
die Hindernisse, desto größer unser Eifer. Hinter unseren
öffentlichen Prinzipien und unseren verpflichtenden Worten müssen wir alle Unstimmigkeiten unseres Gefühls und
unseres Verhaltens verbergen; und dies ohne Heuchelei,
weil unser bewusst angenommener Charakter unser wahres Selbst darstellt, nicht der Strom unserer unfreiwilligen
Träume [...]. Durch soziale Disziplin kann also eine Rolle
von innen her durchgehalten werden."[7]

13.

Soziale Rollen, die keine Flucht erlauben, *von innen her*
durchhalten, sich gleichsam in sie hineinfühlen – seit der
Emotionalisierung des Lohnarbeitsverhältnisses stellt sich diese Aufgabe auch im Beruf; gefordert wird *emotionale Intelligenz.* Unter ihrer Führung dient das Erkunden der eigenen Ängste, Wünsche und Motive als Schlüssel, der Zugang zum
seelischen Erleben anderer gewährt. Sich in diese hineinversetzen, Störungen des Zusammenlebens antizipieren,
Krisenprävention ohne Schiedsrichter, Knüpfen (lockerer)
sozialer Netze in eigener Autorschaft – diese und analoge
Fähigkeiten bilden die Kernkompetenzen dieser Art von
Klugheit, die ihre Trümpfe vorzugsweise in offenen, regel-
armen oder regelfreien Räumen ausspielt. Die Präsenz, die

Experimentierfreude, der Wagemut des Informellen füllen die Lücken, die in Abwesenheit expliziter Verhaltenscodes entstehen, lösen Probleme, für die es keinen Algorithmus, und bewältigen Situationen, für die es keine Instruktionen gibt. Von der Ausklammerung des emotionalen Spürsinns zu dessen Anerkennung und (gewinnträchtiger) Einbeziehung in die betrieblichen Abläufe – das verheißt Gewinn unternehmer- wie arbeitnehmerseitig.

14.

In einem Klima guten Einvernehmens mit aufgeschlossenen Vorgesetzten, empathischen Kollegen versehen Menschen ihre Arbeit gern und erschließen Leistungsreserven vorwiegend ohne äußeren Zwang; wer wollte an dieser Gleichung rütteln? Dass ausgerechnet die Ära des „emotionalen Kapitalismus" *psychosomatische* Erkrankungen als Massenphänomen erzeugte,[8] weckt erste Zweifel. Denkbar wäre, dass die neue, auch *affective turn* genannte Wertschöpfungslehre einstweilen zu wenige Anhänger rekrutierte, um ihr Versprechen (profitabler) seelischer Entkrampfung einzulösen. Vielleicht gibt es noch zu viele Arbeiter alten, fordistischen Typs, die sich der Psychologisierung ihres Beschäftigungsverhältnisses hartnäckig widersetzen und die erhoffte Seelendividende schmälern. Vielleicht jedoch ist das Versprechen selber problematisch, halbherzig. Vielleicht ist die *Emotionalisierung der Ökonomie* derzeit wenig mehr als die Folklore, hinter der die *Ökonomisierung der Gefühle* spielend die nächste Hürde nimmt, von Konsumtion und Wer-

bung kommend ins Zentrum des Geschehens vordringt,
in den Produktionsprozess, in Werkhallen und Verwaltun-
gen, ins Innere der Subjekte.

15.

Ein Dossier mehr im Arsenal der Führungskräfte, gefertigt
aus Beobachtungen, Messungen und Protokollen, zugleich
ein Maßstab mehr, vermittels dessen Arbeiter und Ange-
stellte ihre Eignung für das Unternehmen prüfen müssen.
Ein hoher, zudem paradoxer Maßstab: als „professionell"
in emotionaler Hinsicht gilt, wer sich seiner Gefühle jederzeit bemeistert, von eigenen wie fremden Seelenlagen
unbeeindruckt handelt. „Die emotionale Selbstkontrolle
deutet […] auf ein Modell des Sozialverhaltens, in dem
man die Fähigkeit zur Schau stellen muss, sich dem Zugriff
anderer zu entziehen, um besser mit ihnen zusammenar-
beiten zu können."[9] Formell bleibt alles wie zuvor: jähen
Stimmungswechseln nachzugeben gilt unvermindert als
Zeichen der Schwäche. Faktisch ändert sich die Lage. Was
einst von selbst vonstatten ging, reflexhaft, die Zähmung
der Affekte, tritt nunmehr ins Bewusstsein, avanciert zu
einem eigenen Thema („personal effectiveness"), über das
man als kompetenter Mitarbeiter, von unbedachten Regungen so frei wie irgend möglich, reden kann und reden soll.
Gefühle zu dem vorrangigen Zweck ins Wirtschaftsleben
einzuführen, um Mitarbeitern die Gelegenheit zu geben,
sich mit triumphaler Gebärde darüber zu erheben – es erfordert wenig Phantasie, um zu erkennen, dass dieser Son-

derschauspieltest den Leistungsdruck erhöht statt abzumildern. Viele Arbeitnehmer gingen gern ein wenig mehr aus sich heraus und zögern, sich emotional zu offenbaren, weil sie mit Einträgen für mangelhafte Selbstkontrolle rechnen. Der *affective turn* taktiert mit dem Versprechen, das er unterbreitet, und erntet folglich, was er sät: Misstrauen.

16.

Dabei hat das Bedürfnis nach Authentizität seit längerem auf die Arbeitswelt übergegriffen, trotz, womöglich sogar aufgrund des begrenzten Vorrats an dafür geeigneten Stellen. Heutzutage wünschen sich die weitaus meisten Menschen eine Arbeit, in der sie etwas von sich zeigen können, Arbeit, die zu ihnen passt, und sind, sofern sie hoffen können, *dass* es (diesmal) passt, ihrerseits zur Anpassung bereit. So lange es irgend angeht, projizieren sie ihre Wünsche, ihre „Libido" auf ihre Stelle. Eher zweifeln sie an ihrer Tauglichkeit, halten ihre Kritik, ihre Unlustgefühle demgemäß im Zaum, als an der objektiven Rechtfertigung ihres Engagements. Sie beugen sich dem kulturellen Kodex, der zu einem Mindestmaß an Identifizierung mit der Arbeitsrolle drängt, und üben sich in emotionaler Disziplin. Dafür spricht zweierlei: die raumgreifende Interdependenz, die langen, weit verzweigten Handlungsketten, die allen darin Eingeschalteten Voraussicht und affektive Zurückhaltung auferlegen, sowie die Prämien, die das „System" für engagiertes Wohlverhalten auszahlt. Diese fallen seit geraumer Zeit für das Arbeitsvolk fühlbar spärlicher aus als in der Ära des korporativen Kapitalismus, und man möchte (lustlos) darauf wetten, dass die „bürgerliche Form der Lohnabhängigkeit" (Robert Castel) künftig noch weiter ausfranst. Jene, die, obzwar jung an Jahren und zu Taten aufgelegt, zu rein gar nichts als zum Dämmern ausersehen scheinen, kündigen die Duldungsklausel und empören sich. Die Umstände lehren ihre Körper sich zu beugen und ihre Hände Pflastersteine auszugraben.

Anmerkungen

1   D. Diderot: Das Paradox über den Schauspieler, in: Ders.: Ästhetische Schriften II. Berlin und Weimar 1967, S. 538.
2   Ebd., S. 493, 505.
3   H. Plessner: Zur Anthropologie des Schauspielers, in: Ders.: Gesammelte Schriften VII. Frankfurt am Main 1982, S. 411.
4   Ebd., S. 412.
5   A. Adato: Alltägliche Ereignisse – ungewöhnlich erfahren. Eine vergleichende Untersuchung der Erfahrung des Abschiednehmens, in: E. Weingarten/ F. Sack/ J. Schenkein (Hrsg.): Ethnomethodologie. Beiträge zu einer Soziologie des Alltagshandelns. Frankfurt am Main 1976, S. 179–202.
6   Vgl. ausführlich C. Bartmann: Leben im Büro. Die schöne neue Welt des Angestellten. München 2012.
7   E. Goffman: Wir alle spielen Theater. Die Selbstdarstellung im Alltag. München 2003, S. 53f.
8   Hierzu ausführlich A. Ehrenberg: Das Unbehagen in der Gesellschaft. Frankfurt am Main 2011.
9   E. Illouz: Die Errettung der modernen Seele. Frankfurt am Main 2009, S. 178.

Mut zur Angst
Emotionen und Gefühle als Möglichkeit
der Orientierung

Verena Kast

Das menschliche Leben ist von Anfang bis zum Ende von Emotionalität begleitet: Im Wachen und im Träumen. Jede Erfahrung ist verknüpft mit Emotion – einschneidende Lebenserfahrungen, wie Krisen es meistens sind, mit eindrücklichen Emotionen, mit denen Menschen umzugehen haben. In einer Krise muss man sich notwendigerweise mit Emotionen und Gefühlen auseinandersetzen – das ist auch die Chance, die in einer Krise steckt: Wandlung geschieht durch die Wahrnehmung und Veränderung von Emotionen und Gefühlen.

Emotionen und die wahrgenommenen Emotionen, die Gefühle, gehören zur biologischen Grundausstattung des Menschen: Sie geben uns Orientierung, die aus unserem eigenen Erleben in der Auseinandersetzung mit anderen und mit der Welt stammt, um mit anderen Menschen, der Welt und uns selbst, auch mit dem eigenen Körper, vernünftig umgehen zu können. Andeutungsweise: Menschen reagieren mit Angst, wenn sie sich von einer Gefahr ergriffen und sich in der Situation hilflos fühlen; mit Trauer, wenn sie etwas verlieren, was für sie einen Wert dargestellt hat; mit Ärger, wenn Mitmenschen die Grenzen nicht akzeptieren, oder nicht akzeptieren, dass Ichgrenzen verschoben werden sollen. Alle Menschen, wenn sie gesund sind, interessieren sich für etwas, freuen sich, wenn etwas besser, schöner ist als erwartet, wenn einem mehr zukommt, als zu erwarten war. Alle Menschen erleben diese Emotionen und die entsprechenden Gefühle, sie werden aber unterschiedlich ausgedrückt. Der Ausdruck dieser Gefühle wird kulturell und familiär beeinflusst. So wird verschiedenen Völkern ein anderer Umgang mit Gefühlen zugeschrieben: die „kühlen" aus dem Norden etwa, die „gefühlvolleren" aus dem Süden. Aber es gibt natürlich auch individuelle Unterschiede: man spricht dann davon, dass die einen expressiver sind als andere. Auch geschlechtsspezifische Unterschiede waren oder sind noch auszumachen: So galt für Männer lange, dass sie die Emotionen zu „kontrollieren" haben, insbesondere etwa die Emotionen und die Gefühle der Freude, aber ebenso die der Scham, des Neides und andere. Diese Kontrolle lief dann letztlich auf eine Verdrängung hinaus. Unterdessen weiß man: auch gut unter Kontrolle gehaltene Emotionen wirken – mehr noch als geäußerte – und sie erschweren die Orientierung in alltäglichen Beziehungen und das Wahrnehmen von sich selbst sowie eigener körperlicher Reaktionen. Gelingt es uns, unsere Emotionen, die weitgehend unsere Handlungen steuern, bewusst als Gefühle wahrzunehmen, haben wir einen Hinweis darauf, wie wir uns in einer Situation wahrnehmen und wie wir mit entsprechenden Herausforderungen oder Schwierigkeiten umgehen könnten.

Die Macht der Angst

Spricht man von starken Emotionen, denkt man möglicherweise an die verschiedenen Formen von Verliebtheit und Liebe und damit verbunden an die heftigen Emotionen der Trauer, wenn die Liebe nicht erwidert wird, wenn sie erkaltet oder wenn man den geliebten Menschen verliert. Die Macht der Emotionen zeigt sich aber auch viel alltäglicher, zum Beispiel in Form der Angst.[1]

Emotionen sind immer verbunden mit kognitiven Strukturen, mit Phantasien, im Zusammenhang mit Angst als Befürchtungsphantasien und Bedrohungsphantasien. Auch wenn Menschen behaupten, wenig Angst zu haben, ist leicht herauszufinden, was sie alles befürchten, wovon sie sich bedroht fühlen, im persönlichen wie im aktuellen gesellschaftlichen und politischen Leben. Über diese Phantasien wird gesprochen, darüber wird geschrieben, auch in der Presse. Allerdings oft nicht dergestalt, dass die Angst fühlbar würde. So äußern viele Menschen Sorgen um ihre Gesundheit, darüber, was alles noch Schlimmes mit der Weltwirtschaft geschehen könnte, was an Beeinträchtigendem zu erwarten ist: Die Angst ist nicht spürbar, organisiert jedoch untergründig diese Befürchtungsphantasien. Damit verliert die Angst aber ihre Funktion, nämlich zu zeigen, dass man sich von einer Gefahr ergriffen fühlt und Abhilfe schaffen muss. Eine gewisse Weltuntergangsstimmung macht sich breit, es wird nicht deutlich, wo die Gefahren, die natürlich bestehen, wirklich liegen und wo man möglicherweise Abhilfe schaffen und wie man diesen Gefahren begegnen kann. Die Welt wird durch die Be-

fürchtungsphantasien zu einem Ort, an dem man permanent bedroht ist, wo man umgeben ist von aggressiven An-
greifern und Angreiferinnen – und das lähmt. Die Aggression, die man brauchen würde, um die gefährliche
Situation anzugehen – ich meine wirklich Aggression und
nicht Destruktion – wird projiziert: auf die anderen, auf
das, was anders ist, was nicht zu durchschauen ist – und
das ist recht viel in dieser Welt. Begleitend legt sich ein
Hauch von Ängstlichkeit und Lähmung über alles – der
Mut zur Angst fehlt zunehmend, der Wille, sich zu weh-
ren, wird geschwächt, man resigniert.

Das Erleben von Angst ist nicht nur eine individuelle Angelegenheit: Menschen sind sensibilisiert auf Gefahren,
und deshalb ist eine Form des Umgangs mit der Angst
die Gefahrenkontrolle. Die sieht im öffentlichen Raum so
aus, dass immer mehr Gesetze und Regeln das Leben „si-
cherer" machen sollten. Das kann letztlich dazu führen,
dass man Angst hat, Gesetze zu übertreten, statt dass man
Angst hat, wirklich etwas Gefährliches zu tun, etwa in einer Wohnstrasse wegen zu schnellen Fahrens eine Buße zu
bekommen, statt sich davor zu fürchten, wegen überhöh-
tem Tempo ein Kind anzufahren.

Vom Umgang mit der Angst

Zu viele Befürchtungsphantasien ohne ein erlebbares Gefühl der Angst, jedoch auch zu viel Gefahrenkontrolle behindern den Umgang mit der Angst; was notwendig ist,

den Umgang mit der Angst zu lernen, das wird gerade vermieden. Ulrich Beck hat schon in den 1990er Jahren gefordert, der Umgang mit der Angst sollte im Sinne einer Schlüsselqualifikation von allen Menschen gelernt werden.[2]

Was gesucht ist, ist der Mut zur Angst und die Möglichkeiten, sich zu entängstigen. In jeder Emotion, besonders in der Emotion der Angst, die eine zentrale Emotion ist, sind Möglichkeiten angelegt, wie man mit ihr umgehen kann. So erlebt man die Angst als einen unangenehmen Erregungsanstieg bei der Wahrnehmung einer als komplex erlebten Bedrohungssituation, gegenüber der man sich hilflos fühlt, besonders dann, wenn man allein ist, wenn niemand helfen kann.

In dieser Beschreibung der Angstsituation sind viele Hinweise, wie mit der Angst umgegangen werden kann. So kann man sich etwa auf der Körperebene entängstigen, in dem man sich entspannt. Was immer uns entspannt, vom Joggen bis zur Meditation, wirkt auf unsere generelle Angstspannung, reduziert etwas die grundlegende Bereitschaft zu einem Erregungsanstieg.

Ich werde einige wichtige Aspekte des Umgangs mit der Angst skizzieren:

Der Austausch mit den Mitmenschen

Die Angstreaktion führt dazu, dass wir uns blockiert fühlen, dumm – und wir jemanden suchen, mit dem oder der wir uns austauschen können. Das ist geradezu eine biologische Reaktion: Menschen haben ein biologisch angelegtes Bindungssystem. Jedes Junge einer Spezies, auch der Spezies Mensch, wendet sich bei Gefahr einem Älteren zu, das sind dann meistens die Eltern. Und dieses Verhalten bleibt: In Gefahr wird das Bindungssystem aktiviert. In der Angst suchen Menschen menschliche Beziehungen: Die Angst wird weniger, wenn wir uns vertrauensvoll an einen oder mehrere Menschen wenden können.

Das ist ein wesentlicher Grund, warum Kriseninterventionen erfolgreich sind. In einer Krisenintervention wird ein Mensch durch einen anderen Menschen, der in der Situation als kompetent und unterstützend wahrgenommen wird, entängstigt; er oder sie findet wieder Zugang zu Ressourcen, hat wieder Ideen, findet damit auch wieder Hoffnung und Mut zur Angst.

Allerdings können Probleme in den Beziehungen Ängste verstärken. Fragt man Menschen, die erstmals an Panikanfällen leiden oder einen Rückfall haben, nachdem sie ihre Angstkrankheit überwunden haben, nach den für sie wichtigsten tragenden Beziehungen, wird meistens deutlich, dass diese sich veränderten oder sich dringend verändern müssten. Diese Erfahrung beeinträchtigt die Grundsicherheit; deshalb reagieren Menschen mit mehr Angst. Beziehungen, in denen man einander vertraut, helfen im Umgang mit der Angst.

Das Austauschen über die Angst, die Teilhabe aneinander, die Kreativität, die sich aus dem Zusammenspiel von menschlichen Ideen durch den Dialog ergibt, ist außerordentlich hilfreich im Umgang mit der Angst. Diese Ressource kann man nur nützen, wenn man die Ängste wahrnimmt und sie unaufgeregt miteinander teilt, nicht in dem Sinne, dass der andere mich entängstigt, sich meiner Angst annimmt (das kann auch vorkommen, wenn der andere die entsprechenden Kompetenzen hat), sondern in dem Sinne, dass man miteinander die Verantwortung übernimmt.

Information hilft auch: wir versuchen, so weit es möglich ist, zu verstehen, was in der Welt und in uns vor sich geht. Je mehr dieses Verstehen an eine Grenze stößt, und es stößt oft an eine Grenze, umso unsicherer fühlen wir uns, umso schneller fühlen wir uns hilflos. Andererseits: je mehr wir uns vorstellen, den Durchblick zu haben, und das sind ja oft wirklich nur Vorstellungen, umso weniger werden wir uns hilflos fühlen.

Problematisch ist, dass mit dem Schüren von Ängsten und dem Versprechen, ein Mittel dagegen zu haben, Politik gemacht wird. Von gewissen Parteien wird oft Angst geschürt, Befürchtungsphantasien werden produziert. Dann wird den verängstigten, verwirrten Bürgern klar gemacht, dass diese Partei, die die Gefahren vermeintlich so gut erkennt, Abhilfe schaffen kann. So wenigstens tönen sie, den Beweis treten sie kaum an. Nun funktionieren Menschen leider so, dass sie in der Angst nach jedem Strohhalm greifen: In der Angst suchen wir nach Menschen, die informiert sind, die mutig sind, die eine Idee haben, wie die Probleme gelöst werden können.

Das bessere Selbstwertgefühl

Wir wissen weiter, dass wir besser mit Ängsten umgehen können, wenn wir habituell ein besseres Selbstwertgefühl haben. Wir stützen unser Selbstwertgefühl, indem wir uns positive Illusionen über uns machen, uns selber als „überdurchschnittlich" wahrnehmen.[3] Das Gefühl des Selbstwerts verändert sich zudem im Zusammenhang mit den Rückmeldungen der Mitmenschen. Wir könnten uns gegenseitig also das Selbstwertgefühl wesentlich mehr stützen, als wir es tun.

Stehen wir in Beziehungen zu anderen Menschen und zu uns selbst, dann stehen wir „automatisch" in Beziehungen zum Reichtum der anderen Menschen, zum Reichtum der Kultur der Gegenwart und der Kultur der Vergangenheit, die sich in jedem Menschen ausdrücken. Würden wir uns wirklich füreinander interessieren, zumindest für die Personen, mit denen man eine nähere Beziehung pflegt, den gegenseitigen Reichtum anerkennen und respektieren, unser Selbstwertgefühl wäre ausgeprägter. Wir würden einander die Bestätigung geben, die wir offensichtlich brauchen. Grundsätzlich geht es um eine Haltung der Anerkennung. Statt einer Neidkultur könnte man eine Kultur der Anerkennung fördern – und man muss sie auch fordern. Denn eine Kultur der Anerkennung erlaubt die Freude an den Ideen und Erfolgen anderer Menschen und an gemeinsamen Aktivitäten. Um dahin zu kommen, müssten wir uns vom Muster von Dominieren und Sich-Unterwerfen lösen und zu einem Lebensmuster der gegenseitigen Teilhabe gelangen, der gegenseitigen Wertschätzung, des gegenseitigen Respekts anstelle des gängigen Abwertens.

Vielleicht ist ja die Ökonomisierung der Gesellschaft ein Auslaufmodell und mit ihr die Idee, dass man sich möglichst besser verkaufen soll als der andere, um mehr wert zu sein, um einen besseren Selbstwert zu haben. Angesichts der globalen Vertrauenskrise geht es deutlich um andere Werte. Gefragt ist Verlässlichkeit. Man muss sich aufeinander verlassen können, man muss sich auf sich selbst verlassen können, in dieser schnelllebigen Welt. Das wird nicht möglich sein, indem man sich immer wieder nur nach außen anpasst, und sich von außen misst: es muss eine Anpassung nach außen *und* eine Anpassung nach innen erfolgen. Es braucht Introspektion, Selbstwahrnehmung, eine Besinnung auf so etwas wie einen Kern in uns, der sich stets neu mit allem, was auf uns zukommt, verbindet. Dann sind wir – so weit das uns Menschen möglich ist – verlässlich und können uns auch auf uns selbst verlassen. Es braucht Achtsamkeit auf den anderen Menschen und auf sich selbst und nicht so sehr das Schielen nach der Nützlichkeit eines anderen Menschen. Diese Achtsamkeit kann am leichtesten gelernt werden, wenn wir uns in andere Menschen einfühlen, uns auf den Standpunkt eines anderen Menschen einlassen, uns in einen anderen Menschen hineinversetzen. Die Wünsche, die wir Menschen haben, gleichen sich nämlich.

Statt Generalisierung von Angst: Spezifizierung

Angst generalisiert sich leicht über Themen und über die Zeit hinweg – und wird dann zu einer schier übermäch-

tigen Angst, verbunden mit unendlich vielen Problemen,
die man so nicht lösen kann. „Alles" macht dann „immer"
Angst. Es bleibt nur noch, das Opfer dieser Angst zu sein.
Wir generalisieren die Angst auch, wenn wir ohne große
Gefühlsbeteiligung aufzählen, was alles Schlimmstes geschehen könnte. Wie schon gesagt: So ganz ernst nehmen
wir dann die Angst nicht, es bleibt bei der Information; der
Gefühlsgehalt wird abgespalten. Vielleicht ist dahinter eine
wenig bewusste Absicht, die anderen Menschen damit zu
ängstigen. Nimmt man aber selbst die eigene Angst ernst
als emotionalen Hinweis darauf, dass wir von einer Gefahr ergriffen sind, dann haben wir eine ganz bestimmte
Situation vor Augen und gerade diese spezifische Situation
ist näher anzusehen. Das aber würde heißen, dass man
die Angst wahrnimmt, nicht nur als diffuse Emotion im
Körper, als Stress, wie man so gerne sagt, sondern genau,
präzise: Was macht mir im Moment Angst, wie kann ich
mit dieser Angst umgehen.
Es gilt also jeweils eine bestimmte Angst gefühlsmäßig
und vorstellungsmäßig wahrzunehmen, in ihrer speziel-
len Qualität, und sich damit auseinanderzusetzen, sich zu
fragen, was sie will. Wir können uns zum Beispiel fragen,
was das Schlimmste wäre, was geschehen könnte, eine Lösung dafür finden und diese Angst dann wieder lassen,
auch, in dem wir die Mut-Aspekte, die sich ebenfalls zeigen, aufnehmen: etwa den Wunsch, trotz des Schlamassels
weiter leben zu wollen, vielleicht sogar, etwas wieder gut
machen zu wollen. An die Stelle der Angst kann ein ge-
lassener Mut treten. Die Selbstquälerei, die mit dem Sich-
Ängstigen und dem Sich-doch-nicht-wirklich-Konfrontie-

ren mit der Angst verbunden ist, bringt Leiden, aber keine Veränderung.

Der andere Blick: Das Streben des Menschen

Alle Menschen streben nach Selbstrealisierung. Wir alle haben bewusst-unbewusste Bestrebungen, (ja, ist so gemeint) Intentionen, Sehnsüchte, Wünsche und Grundbedürfnisse, die wir im Leben verwirklichen wollen und verwirklichen müssen, damit es uns wohl ist. Es sind Wünsche und Intentionen im Bereich der Bindung, der Lust, der Orientierung und der Einflussnahme auf das eigene Leben, der Stützung des Selbstwerts, der Spiritualität, der Erfahrung von Sinn und andere mehr. Mir scheint es außerordentlich wichtig, dass wir Leben auch unter diesem Aspekt ansehen: nicht fortwährend unter dem Aspekt, was uns armen Menschen alles widerfährt, was uns zugemutet wird, sondern zudem, welche Sehnsüchte wir haben, welche Leidenschaften und welche Vitalität, diese zu verwirklichen, die sich in Lebensthemen zeigt, deren Verwirklichung uns ganz wichtig ist.

Der Mut zur Angst

Angst als Schlüsselqualifikation zu lehren und zu lernen würde bedeuten, die Angst vor der Angst zu verlieren, zu lernen, die Angst auszudrücken, nicht im Sinne eines Alarmismus, sondern nüchtern und ruhig, als Menschen, die wissen, dass sie bedroht sind. In der stützenden Teilhabe aneinander könnten wir Trost und Lösungen finden. Die Befürchtungsphantasien müssen dabei auf ihren existentiellen Kern hin befragt werden – und dort setzt dann die Aufgabe an, mit dieser Angst umzugehen. Es gibt ja nicht nur die Angst, es gibt auch die Hoffnung. Ernst Bloch war der Ansicht, dass die Hoffnung die Angst „ersäuft".[4] Das mag sehr optimistisch klingen, aber gerade der sehende Umgang mit der Angst setzt Hoffnungsstrukturen und Kreativität frei.

Anmerkungen

1   Vgl. hierzu insgesamt V. Kast: Vom Sinn der Angst. Freiburg 2003.
2   U. Beck: Eigenes Leben. Ausflüge in die unbekannte Gesellschaft, in der wir leben. München 1995.
3   S. E. Taylor: Positive Illusionen. Produktive Selbsttäuschung und seelische Gesundheit. Reinbek 1993.
4   E. Bloch: Das Prinzip Hoffnung. Frankfurt am Main 1959.

Gefühl und Selbstführung
Seneca und die Technologien der inneren Sicherheit

Leon Hempel

Vom Atomunfall in Fukushima über Finanzkrise und Kli-
makatastrophe, Staatszerfall, neuen Kriegen und Bürger-
kriegen bis hin zu neuen Formen der Ausgrenzung und
Armut inmitten der Gesellschaften des Überflusses: kata-
raktisch türmen sich Krisen und katastrophische Ereignisse
auf. Die Kontingenz und Schadensfolgen, die Intransparenz
der Gefährdungen und Bedrohungen machen die Regierbarkeit der Gegenwart fraglich. Allenthalben wird nach der
Krisenanfälligkeit und Verwundbarkeit geforscht, nach der
gesellschaftlichen Widerstandsfähigkeit und den Abwehr-
kräften gefahndet. Eine „wave of emergencies", so Craig
Calhoun in Bezug auf die seit dem Ende des Kalten Krie-
ges steigende Anzahl von humanitären und militärischen
Einsätzen, habe eine „social emergency imaginary" erzeugt.[1] Die „katastrophische Imagination" lässt die Zukunft
der menschlichen Gesellschaft wie des Einzelnen ungewisser denn je erscheinen. Gleichzeitig wird die erklärte
Gewalt eines Ereignisses in politische Potenz verwandelt,
in eine deutungs- und handlungsermächtigende Kraft.[2]
Als Perspektivierung von Wirklichkeit dient die katastro-

phische Imagination der Politik als Instrument, um Programme und Maßnahmen durchzusetzen, folgt man etwa Naomi Kleins Lesart eines entfesselten Kapitalismus, nach der Katastrophen produziert und erklärt werden, um neue Märkte zu generieren.[3]

Wie Reinhard Koselleck formuliert hat, werfen Krisen „die Frage an die geschichtliche Zukunft" auf. Sie verlangen nach „Entscheidung", wobei offen bleibt, durch wen welche Entscheidung wann „fällt".[4] Vor diesem Erwartungshorizont entstehen Gefühlskulturen der Moderne, die Unsicherheit als Emotion zum allgemeinen Kennzeichen erklären und dabei den Komplementärbegriff Sicherheit auf neue Weise existenziell codieren. Bereits Anfang der 1970er Jahren hat der Soziologe Franz-Xaver Kaufmann bezogen auf alltägliche Zusammenhänge von einem „sich erst neuerdings verbreitenden Glauben, daß einer der tiefsten Wünsche des Menschen ‚Sicherheit' sei", gesprochen.[5] Die Permanenz der Krise, die Perpetuierung der Katastrophenerklärung verlangt dabei nicht nur mehr psychische und affektive Flexibilität auf individueller Ebene, sie droht auch in der kollektiven Psyche die ursprünglich sich mit dem Katastrophenbegriff verbindende Erwartung auf eine Wendung auszulöschen. „Nichts ist Katastrophe, wenn alles Katastrophe heißt", bemerkte der Katastrophensoziologe Wolf Dombrowsky.[6] An die Stelle der Hoffnung auf Wandel – wie sie sich etwa mit der Wahl Barack Obamas zum Präsidenten der Vereinigten Staaten noch kürzlich verbunden hatte – tritt die Erfahrung seiner Unmöglichkeit und hinterlässt ein schales Gefühl der Enttäuschung und Unlust.

In elementarer Weise ängstigend, wird die prekär gewordene Zukunft Anlass eines Verlangens, in welchem der Versuch, über die Unsicherheit Herr zu werden, zwar noch eingeschlossen ist, zugleich aber immer schon ausgeschlossen bleibt. Die Überwindung einer Krise bedeutet vor einer neuen zu stehen, sei diese kurzzeitig außer Blick geraten oder erst neu am Horizont erschienen. Wie ist ein Leben in Sicherheit in einer unsicheren Welt möglich? Wie soll Unglück noch in Glück verwandelt, wie die permanenten Irritationen und Verwirrungen des Gefühls noch gebändigt werden? Als zu erschöpft erweist sich das Selbst, wie der Soziologe Alan Ehrenberg für die Gegenwart diagnostiziert hat. Zur Selbstverantwortung verurteilt, vermag es die „die Spannung zwischen dem Bestreben, nur man selbst zu sein, und der Schwierigkeit, dieses Projekt zu verwirklichen",[7] nicht in positive Münze umzuwandeln, in einen dauerhaften Wert innerer Sicherheit. Medikamentation oder Depression lautet bündig die Alternative, zu der die Störungen, Dysfunktionalitäten und Ausfällen der individuellen Fitness führen. Die Technologien der Sicherheit umfassen mehr als nur polizeiliche Überwachungsmaßnahmen, um äußere Gefahren abzuwehren. Technologien der Selbstsorge, der Selbstführung bilden auf der Ebene der Subjekte, wie Michel Foucault in seinen Vorlesungen am Collège de France ausführt, die Entsprechung. Es sind die Praktiken der Eigenstabilisierung und Resilienz. Sie zielen auf ein Glücksversprechen im Ungewissen, auf einen Zustand der *happiness* im Zeichen permanent erhöhter Krisenanfälligkeit.

Wird Sicherheit mit Angst in Verbindung gebracht, so erscheint das Glück gerade auch auf der individuellen Ebene als eine Art Wechselbegriff, der die politische und individuelle Dimension des Sicherheitsbegriffs noch einmal anders zusammenführt. Bezeichnend erscheint da etwa ein zeitgenössischer Werbespot für ein Deodorant einer französischen Kosmetikfirma von Detlef Buck. Kein Geringerer als ein sich zum Abflug verspätender, jedes sich in den Weg stellendes Hindernis spielend überspringender Michael Ballack verbindet da abweichendes Verhalten souverän mit den Verhaltensanforderungen an Flughäfen und den gesellschaftlichen Normen der Körperhygiene. Weder Gefahren- noch Schweißspuren an den entsprechenden Unterarmbereichen des lupenrein weißen Hemdes lassen sich beim Check an der Sicherheitsschleuse detektieren: einwandfreie Siegerpose und Scan in der Box eines Nacktscanners subsumieren konformes Verhalten unter einem gemeinsamen Kontrollschema, das die Verbindung von Technik und Emotion affirmiert und das Spiel von Abweichung und Konformität mit dem erregten Augenblick eines gelungenen Flirts zwischen Star und weiblicher Sicherheitskraft honoriert. Die Technologien innerer Sicherheit, der polizeilichen Steuerung wie auch der Selbstführung bilden einen Verweisungszusammenhang wechselseitiger Legitimation. Das Sicherheitsmanagement bedeutet, auf jede Unvorhersehbarkeit, auf Gefahr und affektive Regungen vorbereitet zu sein. Die Beherrschung der technischen Hilfsmittel korreliert mit der Selbstbeherrschung. Sie verspricht dem Zuschauer Teilhabe an der Emotion der Glücklichen. Folgerichtig erscheint zur Kontrastierung dieses Si-

cherheitsdispositivs im Hintergrund das Gegenbild zum
Promi: von einem männlichen Sicherheitsbeamten wird
ein graumeliert langhaariger Fluggast indiskret abgetastet,
alte Technik gegen neue, Unlust gegen Lust ausgespielt.

Doch was sich im Werbespot geradezu als ein Lehr-
stück der Selbstführung darstellt, besitzt eine lange Tradition. Bis in die Antike lassen sich die Selbsttechnologien
zurückverfolgen, die unter Begriffen wie Seelenlenkung
oder Lebenskunst firmieren. Bei aller Unterschiedlichkeit
lassen sich die Elemente gegenwärtiger Praktiken in Griechenland und Rom wiederfinden.[8] Bei Cicero und vor allem Seneca erscheinen sie als Technologien der inneren
Sicherheit. Diese erweist sich als Telos der stoischen Selbst-
behauptung, als Triumph der Selbstbildung. Sicherheit ist
ein Begriff, in dem sich Identität und Glück auf der individuellen, Krise und Politik auf der gesellschaftlichen Ebene
seit jeher merkwürdig kreuzen. Die Begriffsgeschichte lässt
den Zusammenhang zum Glücksdenken und damit auch
zum komplementären Begriff individuellen Unglücks als
Ausdruck von Krise erkennbar werden. Schon ein kursori-
scher Blick in das interdisziplinäre Handbuch „Glück"
deutet dies durch die Fülle der so unterschiedlichen Be-
griffsbestimmungen aus Philosophie, Pädagogik, Kunst-
und Literaturwissenschaft bis hin zu Neurowissenschaf-
ten, Sozialmedizin, Psychologie und Ökonomie an. Wie
Sicherheit kennt auch Glück keine eindeutige empirisch
positive Zuweisung, immer gibt es da ein spannungsrei-
ches Changieren von äußeren Umständen und innerer Be-
findlichkeit, weshalb es durch die unterschiedlichsten Kulturen und Zeiten hindurch kaum an entsprechenden

Glückstheorien mangelt.⁹ Und wie das Glück äußerlich wie
innerlich bedroht sein kann, so kennt auch Sicherheit von
ihrem begrifflichen Ursprung her dieses doppelte Moment
der Gefährdung, von außen durch Risiken und Gefahren
sowie von innen durch die Macht der Gefühle.

Wie der Eintrag zum Lemma Sicherheit in den „Ge-
schichtlichen Grundbegriffen" hinzuzufügen weiß, „gehören die Wörter ‚sicher', lat. ‚securus' […] nicht zu den in-
dogermanischen Urwörtern, sondern haben sich erst ver-
hältnismäßig spät gebildet".¹⁰ Von seinem etymologischen
Ursprung her sieht man sich zunächst auf das Rom des
ersten vorchristlichen Jahrhunderts verwiesen. Das Wort
„securitas" formt sich auf dem Höhepunkt der Krise der
römischen Republik, ist also in einem bestimmten Sinne
Ausdruck dieser Krise, gewonnen aus dem letztlich zum
Scheitern verurteilten Versuch, den Staat in seiner bisheri-
gen Formation zu erhalten. Keiner hat sich diesem so sehr
verschrieben wie der Rhetor, Politiker und Philosoph Cicero. Er liest den Begriff griechischer Ethik ab, um aber nicht
nur eine Leerstelle im Lateinischen zu füllen, sondern –
entsprechend des Anspruchs seines philosophischen Pro-
jekts – politischer Praxis ein ethisches Fundament zu weisen. Das Übersetzungsprodukt zielt auf den Seelenzustand
der Philosophen bzw. Staatenlenker. Während sich die Epi-
kureer politischer Praxis fälschlicherweise entziehen und
ein Caesar das eigene Machtinteresse über das Gemeinwohl stellt, beweist sich für Cicero Seelengröße erst in der
Tätigkeit am Gemeinwohl.

Als sorgende Praxis setzt politisches Handeln aber
Selbstsorge voraus. Der Politiker muss seine Lüste beherr-

schen, seine Affekte mäßigen, seinen Emotionen befehlen, um gute Politik zu machen. Er muss die Seele lernen freizuhalten von Trieben und Erregungen, um Entscheidungen nicht privater Lust oder Unlust zu unterwerfen, sondern Einheit und Glück des Gemeinwesens. Politische Praxis verlangt demnach Selbstführung, eine aktive Form der Selbstbeherrschung, die sich an der Erfahrung von Krisen erprobt, um auf diese Weise Herrschaft über sich und damit auch politisch Souveränität zu gewinnen. Erst das Freihalten „von jeder Leidenschaft sowohl von Begierde und Furcht als auch vor Bekümmernis und Vergnügen und Jähzorn", ermöglicht „Seelenruhe [tranquillitas animi] und Sorglosigkeit [securitas]" als Bedingung für „Standhaftigkeit [constantia] und Würde [dignitas]", formuliert Cicero in „De officiies" (Vom pflichtgemäßen Handeln), jenem Spätwerk, das, bereits nach Caesars Machtergreifung verfasst, am stärksten von der Auseinandersetzung mit der griechischen Stoa, namentlich mit Panaiatos, geprägt ist.[11]

Als Freiheit von Affekten benennt Securitas ein Selbstverhältnis des politischen Führers zu sich. Sie erscheint als Voraussetzung für die Sorge um das glückliche Leben, die vita beata, der Gemeinschaft wie des einzelnen, dessen Sorge stets auf das Gemeinwohl bezogen bleibt. Die gerechte politische Praxis bedarf der Erkenntnis ihrer Bedingungen, weshalb Selbsterkenntnis, mithin Philosophie, für Cicero bereits Teil dieser politischen Praxis ist. Sie verankert den Herrscher in der menschlichen Natur, welche sich einerseits in der Scheidung von den übrigen Lebewesen und Geschöpfen manifestiert und sich andererseits im von den eigenen Affekten freien, sorglosen Mensch zeigt.

Am Dekorum vermag der Fürst die Humanität seines
Menschseins als Voraussetzung gerechten, pflichtgemäßen
Handelns zu beweisen. Dieses beinhaltet einen Katalog des
Schicklichen, der Verhaltensweisen, aber auch der Selbsttechnologien und Übungen zur Beherrschung der Affekte
und Askese, aufgeladen mit Grundunterscheidungen zwischen menschlich und unmenschlich, legitim und illegi-
tim, gut und böse, wahr und falsch, natürlich und unna-
türlich. Das Dekorum impliziert „eine Art Schönheitssinn
in der Lebensgestaltung", formuliert Cicero. In ihm werde
das „rechte Maß sichtbar". Es markiert insofern eine doppelte Ästhetik der inneren Sicherheit, einmal als unmittel-
barer Ausdruck der sicheren Identität des Fürsten und seiner Selbstführung, andererseits aber auch als positives
Sachregister des Frevels und der Abweichung von zu er-
strebenden Normen.[12]

Im Begriff Securitas ist das Wissen um die Macht der
Gefühle, die Gewalt der unvorhersehbaren plötzlichen Gefahren stets aufgehoben. Ein Jahrhundert nach Cicero sollte insbesondere Seneca hieran anknüpfen. Jedoch hat sich
der Erfahrungshintergrund verschoben. Als Göttin sollte
die Securitas auf Kaisermünzen geprägt werden. Frieden
und Prosperität personifizierend, bürgt sie die nach den
Wirren der Bürgerkriege jetzt für die wiederhergestellte
Ordnung und Einheit Roms, die gesicherte Territorialität
des Imperiums als auch die Sicherheit der kaiserlichen Person vor der Gefahr tödlicher Verschwörungen. Doch das
private Leben am Hof ist der unumschränkten Macht und
zügellosen Leidenschaften der Kaiser ausgesetzt. Majestäts-
prozesse fordern Tod und Verbannung. Das aus der stoi-

schen „Apatheia" gewonnene Ideal hat sich zur Ideologie gewandelt, die im krassen Widerspruch zur Wirklichkeit steht. Seneca formuliert sein Programm unter der Schreckensherrschaft eines Caligulas, eines Neros, den er zur Selbstbeherrschung der Affekte im ursprünglichen Sinne der Securitas zu erziehen sucht, noch bevor ihn dieser aber schließlich in den Freitod zwingen wird. „Es irrt nämlich, wer glaubt, der König sei sicher, wo nichts vor dem König sicher ist",[13] appelliert der Erzieher in einer Rede an den vermeintlich noch formbaren Nero.

Blieb die Hoffnung auf Läuterung bei Nero versagt, so gewinnt das stoische Ideal aus der Enttäuschung noch Souveränität. Fehlende Selbstbeherrschung führt unausweichlich zur Tyrannei der Affekte, zur Unterwerfung unter die Triebe, mit der jede politische Moral, jede Möglichkeit der Selbstprüfung ausgelöscht ist, wie Seneca der Egozentrik Neros abliest. Der Zorn ist dabei das anthropologische Ereignis, das die eigentliche Katastrophe des Selbst ausmacht. Als Affekt markiert dieser das Gegenstück zum glücklichen Seelenzustand innerer Sicherheit. Er ist das radikale Gegenbild zum stoischen Souveränitäts- und Vernunftideal. „Keine Leidenschaft aber zeigt ein Bild größerer Störung und Verworrenheit als der Zorn",[14] heißt es aus dem korsischen Exil. Während die Schriften und Dialoge Senecas einzelne Miniaturen kritischer Seelenzustände als Exempla enthalten, errichten die Stücke emblematische, weit ausgedehnte Tableaus des Zorns; es sind Seelendramen, an denen das von seinen Affekten beherrschte Selbst, womöglich Nero selbst, sich der Selbstbeherrschung erinnern soll. Kein Mittel, kein Extremismus psychischer Ausnahmezustände

bleibt ausgespart, um die Pathologie der Affekte in Szenen
der Gewalt und des Schreckens zu übersetzen. Am
Machtrausch des dem Bruder die eigenen Kinder zum Fra-
ße vorsetzenden Atreus, an der Raserei des mit den eigenen Waffen Kinder und Frau abschlachtenden Herkules, an
der Rache Medeas, am durch von Poseidon entsandten,
den Leib Hippolyts in Einzelteile zerfetzenden Stier behauptet sich der Absolutheitsanspruch des stoischen Ideals.
Die Bilder dienen nicht der Berauschung, sondern zielen
auf ‚Entrauschung‘, auf Affektheilung. Destruktion ist die
Folie, um Erhabenheit über die Macht der Affekte zu demonstrieren.

Wie bei Cicero so dient Philosophie und auch Dich-
tung der praktischen Aneignung. Sie ist Seelenleitung, indem sie von den seelischen Krankheiten durch richtige Erkenntnis zu heilen verspricht. Das sittliche Fehlverhalten,
die Unterwerfung unter die Leidenschaften, beruht vor allem auf einer Missdeutung der Natur. Natürliche wie politische Ereignisse, Vulkanausbrüche und Erdbeben, Krieg
oder tyrannische Willkür stellen Prüfungen des Seelischen
dar und weisen zugleich den Weg zur Selbsterkenntnis. „Es
gibt keinen besseren Trost gegen alle Schrecknisse, die von
außen drohen, als daß unzählige Gefahren in uns selbst
sind", formuliert er in den „Naturales quaestiones". „So
darf uns das Erdbeben nicht die Fassung rauben, als ob
mehr Übel in ihm steckte als im gewöhnlichen Tod."[15]
Seneca fordert, sich den Prüfungen zu stellen und aus den
Ereignissen die richtige Erkenntnis zu ziehen, einmal die
naturphilosophische, dass die Natur keine Katastrophen
kennt, weil sie in ihrem ewig gleichen Ablauf vernünftig

und für Seneca von göttlichen Prinzipien durchherrscht
ist, zum anderen aber die ethische, dass kein Anlass besteht, sich angesichts der Übel von seinen Leidenschaften
wie Zorn oder Furcht beherrschen zu lassen.

Aus dem Verfahren, die Natur als vernünftig zu erkennen, bezieht das Selbst die Macht, Unglück in Glück zu
verwandeln, Unsicherheit in Sicherheit, im habitualisierten
Wissen um den zirkulären Naturablauf vermag es sich in
sich selbst zu beheimaten. Im 24. Brief weist der Seelenlei-
ter Seneca den wegen eines Prozess von Unruhe gequälten
Lucilius den Weg der Securitas. Er fordert seinen Adressa-
ten auf, um welches Unglück es sich auch handle, es vor
dem Inneren auszumessen und die Furcht abzuschätzen:
„Du wirst sicherlich einsehen, daß das, was du fürchtest,
nicht groß ist oder nicht lange andauert".[16] Durch das The-
rapeutikum der Vergegenwärtigung, durch die zahlreichen
Übungen der Selbstführung gewinnt sich das Selbst Sicherheit als kennzeichnendes Gut des Weisen. Man gelangt in
den Genuss der Sicherheit, „indem man sich durch ständi-
ges Üben die Überzeugung aneignet, daß Unglück, Demütigung und Tod nichts sind", kommentiert Paul Veyne die
Methode von Senecas Seelenleitung. „Man genießt dasselbe
Glück wie die Götter, das vollkommen und durch nichts zu
erschüttern ist."[17]

Wenngleich Seneca selbst kein System errichtet hat, so
implizieren die Stabilisierungstechnologien eine möglichst
vollständige Fixierung der Affekte. Zu therapeutischen
Zwecken werden diese in ein jederzeit abrufbares Register
von Norm und Abweichungen überführt, an dem sich das
Selbst sortieren und wieder aufrichten soll. Gerade in der

Regierbarkeit der Gefühle zeigen sich die Parallelen zwischen Senecas Seelenlenkung und den gegenwärtigen Technologien des Selbst. Doch so sehr sich der Stoizismus als aktuelle Subjektivierungsform aufdrängt, so sehr verliert sich diese auch wieder. Spätestens mit der Frage, wie ein glückliches Leben möglich sei, heben sich die Gemeinsamkeiten zwischen Senecas Traum und dem Gefühlsmanagement der Gegenwart auf. Senecas Philosophie bezeugt eine Erkenntnissuche nach einem absoluten Ort, von dem aus sich das menschliche Dasein einerseits zu versichern weiß und gleichzeitig der Macht der Affekte wie jeder anderen Macht vollständig entziehen kann. Dies verbindet sie mit dem Garten Epikurs, einem Leben im Verborgenen, von dem aus sich das Selbst Glück verspricht.

Innere Sicherheit behauptet sich hier als eine lückenlose Ordnung, in der jede Lust ihren festen Platz besitzt. Der Inbegriff des glücklichen Lebens stellt sich dar als ein Zustand vollständiger Identität mit sich selbst und erscheint deshalb gleichbedeutend mit dem Tod. In der Gesellschaft des Spektakels hingegen, in der sich Triebaktivitäten und Gefühlsaufwallungen zu einem ökonomischen Wert befreit haben, erweisen sich Affekte auch als vielfältige Ressource der Politik, des Marktes und des Selbst, um Wirklichkeiten zu perspektivieren, Entwicklungschancen und Möglichkeiten sozialer Teilhabe zu steuern. Mit ihrer Kontrolle verschafft sich das Selbst Augenblicke von Souveränität und Kompetenz. Gerade Unangreifbarkeit dient als ein marktfähiges Rollenmodell in prekär werdenden Arbeits- und Lebensverhältnissen. Der Pseudo-Stoizismus verheißt einen Machteffekt, der sich erhabene Größe suggeriert.

Unsicherheit scheint zwar vorübergehend aufgehoben, doch sind, sobald der Ausschluss vom Glück droht, affektive Kränkungen programmiert.

Anmerkungen

1   C. Calhoun: A World of Emergencies. Fear, Intervention, and the Limits of Cosmopolitan Order, in: *The Canadian review of sociology and anthropology* 41 (4) 2004, S. 373–395, hier: S. 388.

2   S. Opitz/ U. Tellmann: Katastrophale Szenarien. Gegenwärtige Zukunft in Recht und Ökonomie, in: L. Hempel/ S. Krasmann/ U. Bröckling (Hrsg): Sichtbarkeitsregime. Sicherheit, Überwachung und Privatheit im 21. Jahrhundert. Opladen 2010, S. 27–53.

3   N. Klein: Die Schock-Strategie. Der Aufstieg des Katastrophen-Kapitalismus. Frankfurt am Main 2007.

4   R. Koselleck: Kritik und Krise. Eine Studie zur Pathogenese der bürgerlichen Welt. Frankfurt am Main 1997, S. 105.

5   F.-X. Kaufmann: Sicherheit als soziologisches und sozialpolitisches Problem. Untersuchungen zu einer Wertidee hochdifferenzierter Gesellschaften. Stuttgart 1970, S. 49.

6   W. R. Dombrowsky: Katastrophe und Katastrophenschutz. Wiesbaden 1989, S. 47.

7   A. Ehrenberg: Das erschöpfte Selbst. Depression und Gesellschaft in der Gegenwart. Frankfurt am Main 2008, S. 179.

8   M. Foucault: Die Hermeneutik des Subjekts, in: Ders.: Ästhetik der Existenz. Schriften zur Lebenskunst. Frankfurt am Main 2007, S. 123–136.

9   D. Thomä/ C. Henning/ O. Mitscherlich-Schönherr (Hrsg.): Glück. Ein interdisziplinäres Handbuch. Stuttgart 2011.

10   W. Conze: Sicherheit, in: Otto Brunner (Hrsg.): Geschichtliche Grundbegriffe. Historisches Lexikon zur politisch-sozialen Sprache in Deutschland, Bd. 5. Stuttgart 1984, S. 813–862, hier: S. 831.

11   M. T: Cicero: De officiis. Vom pflichtgemäßen Handeln. Lateinisch/Deutsch. Übersetzt, kommentiert und herausgegeben von Heinz Gunermann. Stuttgart 2010, hier: I, 20, 69.

12   Ebd., I, 27, 93.

13   L. A. Seneca: De clementia. Über die Güte. Lateinisch/Deutsch. Übersetzt und herausgegeben von Karl Büchner. Stuttgart 2010, hier: I, 19,5.

14   L. A. Seneca: De ira. Vom Zorn. Lateinisch/Deutsch, in: M. Rosenbach: Seneca. Die Philosophischen Schriften, Bd. 1. Darmstadt 2011, hier: II, 35.

15 L. A. Seneca: Naturales quaestiones. Naturwissenschaftlich Untersuchungen. Lateinisch/Deutsch. Übersetzt und herausgegeben von Otto und Eva Schönberger. Stuttgart 1998, hier: VI, 2, 6.

16 L. A. Seneca: Ad Lucilium. Epistulae Morales. An Lucilius. Briefe über Ethik. Lateinisch/Deutsch, in: M. Rosenbach: Seneca. Die Philosophischen Schriften, Bd. 3. Darmstadt 2011, hier: III, 24, 1-2.

17 P. Veyne: Weisheit und Altruismus. Eine Einführung in die Philosophie Senecas. Frankfurt am Main 1993, S. 55f.

Die Autorinnen und Autoren

Timon Beyes, geboren 1973, ist assoziierter Forschungsprofessor am Institut für Kultur und Ästhetik Digitaler Medien der Leuphana Universität Lüneburg und leitet zusammen mit Michael Ballhaus das EU-geförderte „Moving Image Lab". Promotion am Seminar für Soziologie der Universität St.Gallen, Habilitation mit Venia Betriebswirtschaft und Organisationssoziologie ebendort. Neuere Publikationen mit Bezug zu Affekt: Parcitypate. Art and Urban Space (2009, Hg. mit Sophie-Thérèse Krempl and Amelie Deuflhard); „Uncontained: The art and politics of reconfiguring urban space" (2010, in *Culture and Organization*); „Spacing organization: Non-representational theory and performing organizational space" (2012, in *Organization*, mit Chris Steyaert).

Thomas Elsaesser, geboren 1943, ist emeritierter Professor für Film- und Fernsehwissenschaft an der Universität Amsterdam. Er unterrichtet weiterhin regelmäßig als Gastprofessor in Yale und anderen internationalen Universitäten. Sein Aufsatz „Tales of Sound and Fury. Observations on the Family Melodram" aus dem Jahr 1972 wurde zu einem der sechs Artikel gewählt, die die Disziplin entscheidend geprägt haben. Zu seinen weiteren einschlägigen Publikationen gehören unter anderen: New German Cinema. A History (1989); Fassbinder's Germany: History, Identity, Subject (1996); European Cinema. Face to Face with Hollywood (2005); Filmgeschichte zur Einführung (2007, mit Malte Hagener).

Wolfgang Engler, geboren 1952, ist Professor für Kultursoziologie an der Hochschule für Schauspielkunst „Ernst Busch" Berlin und seit 2005 auch deren Rektor. Er lehrte als Gast an der Universität Klagenfurt, der TU Hannover, der Goethe-Universität Frankfurt am Main und unterrichtet seit 2009 auch an der Universität St.Gallen. Er ist Gründungsmitglied der Münchner Akademie „Zum dritten Jahrtausend". Buchveröffentlichungen (Auswahl): Selbstbilder. Das Projekt der Wissenssoziologie (1992); Die zivilisatorische Lücke. Versuche über den Staatssozialismus (1992); Die Ostdeutschen. Kunde von einem verlorenen Land (1999); Bürger, ohne Arbeit. Für eine radikale Neugestaltung der Gesellschaft (2005); Lüge als Prinzip. Aufrichtigkeit im Kapitalismus (2009).

Leon Hempel, geboren 1970, studierte Vergleichende Literaturwissenschaft und Politikwissenschaft in Berlin. Seit 1999 ist er am Zentrum Technik und Gesellschaft der Technischen Universität Berlin beschäftigt und leitet dort seit 2010 den Bereich „Sicherheit – Risiko – Privatheit". Er koordiniert nationale, europäische und internationale Projekte, wobei die Schwerpunkte im Spannungsfeld von Sicherheitswahrnehmung und Sicherheitsproduktion liegen. Aktuelle Publikation zu diesem Thema als Ko-Herausgeber:

Sichtbarkeitsregime. Überwachung, Sicherheit und Privatheit im 21. Jahrhundert (2010, mit Susanne Krasmann und Ulrich Bröckling).

Uwe Jean Heuser, geboren 1963, studierte Volkswirtschaftslehre in Bonn und Berkeley, erhielt den Master of Public Administration an der Harvard Universität und promovierte in Volkswirtschaftslehre an der Universität Köln. Er war freier Autor bei der „Frankfurter Allgemeinen Zeitung", Wirtschaftsredakteur der „Zeit" sowie Gründer und Leiter der „Zeit-Reformwerkstatt". Seit 2000 verantwortet er das Wirtschaftsressort der „Zeit". Buchveröffentlichungen (Auswahl):Das Unbehagen im Kapitalismus – Die neue Wirtschaft und ihre Folgen (2000); Schöpfer und Zerstörer (2004); Humanomics – Die Entdeckung des Menschen in der Wirtschaft (2008); Was aus Deutschland werden soll (2009).

Eva Illouz, geboren 1961, ist Professorin für Soziologie an der Hebrew University Jerusalem. Ihre Studien zum Wandel der Emotionen und Subjektivität in der westlichen Welt werden international diskutiert. Die deutsche Wochenzeitschrift „Die Zeit" kürte sie zu einer der zwölf Intellektuellen, die unser Denken über die Globalisierung prägen. Ihre mehrfach ausgezeichneten Publikationen umfassen u.a.: Der Konsum der Romantik. Liebe und die kulturellen Widersprüche des Kapitalismus (1997, auf Deutsch 2003); Oprah Winfrey and the Glamour of Misery. An Essay on Popular Culture (2003); Gefühle in Zeiten des Kapitalismus (2006, Frankfurter Adorno-Vorlesung 2004); Die Errettung der modernen Seele. Therapien, Gefühle und die Kultur der Selbsthilfe (2009); Warum Liebe weh tut. Eine soziologische Erklärung (2011).

Verena Kast, geboren 1943, ist emeritierte Professorin für anthropologische Psychologie an der Universität Zürich. Sie arbeitet als Lehranalytikerin und Supervisorin des C. G. Jung-Instituts in Zürich sowie als wissenschaftliche Leiterin der Lindauer Psychotherapiewochen. Ihre Forschungsschwerpunkte sind Emotionen, Beziehung, Trennung sowie Symbolik. Jüngste Veröffentlichung: Was wirklich zählt, ist das gelebte Leben. Die Kraft des Lebensrückblicks (2010).

Markus Lange, geboren 1983, ist Soziologe und Doktorand an der Graduiertenschule des Exzellenzclusters „Languages of Emotion" an der Freien Universität Berlin. Zu seinen Forschungsinteressen gehört die Wirtschaftssoziologie mit besonderem Fokus auf die Analyse von Finanzmärkten.

Scott Loren, geboren 1971, arbeitet als Dozent für Kultur- und Medienwissenschaft an der School of Humanities and Social Sciences der Universität St.Gallen sowie im Bereich Anglistik an der Pädagogischen Hochschule St.Gallen. Er wurde mit einer Arbeit über den „Myth of Re-Invention" als Doktorand von Elisabeth Bronfen an der Universität Zürich promoviert. Seine Publikationen umfassen unter anderem Texte über David Cronenberg, Stanley Kubrick und Edgar Ulmer, eine Monografie über Posthumanismus ist in Vorbereitung. Zusammen mit Jörg Metelmann leitet er das Forschungsprojekt „Aesthetics of Irritation" im Forschungsverbund „KIM – Kulturen, Institutionen, Märkte" der Universität St.Gallen.

Jörg Metelmann, geboren 1970, ist seit 2010 als Programmleiter Handlungskompetenz im Kontextstudium der Universität St.Gallen tätig. Er arbeitet dort als Dozent der School of Humanities and Social Sciences im Bereich Kultur- und Medienwissenschaft auch an seiner Habilitation über mediale Emotionen und die ästhetische Subjektivation der Moderne. Zuletzt veröffentlichte er als Ko-Herausgeber die Bände: Bildungsbürgerrecht. Erziehung als soziales Unternehmen (2011, mit Stefan Schwall); Wissen sie, was sie tun? Zur medialen Inszenierung jugendlicher Gewalt (2012, mit Jörg Herrmann und Hans-Gerd Schwandt).

Günther Ortmann, geboren 1945, ist Organisationstheoretiker und Professor für Allgemeine Betriebswirtschaftslehre an der Helmut-Schmidt-Universität, Hamburg. Lehraufträge und Gastprofessuren an den Universitäten Wien, Innsbruck, St.Gallen und Luzern. Buchveröffentlichungen u.a.: Regel und Ausnahme. Paradoxien sozialer Ordnung (2003); Als Ob. Fiktionen und Organisationen (2004); Management in der Hypermoderne (2009); Organisation und Moral (2010); Kunst des Entscheidens. Ein Quantum Trost für Zweifler und Zauderer (2011).

Christian von Scheve, geboren 1973, ist Juniorprofessor für Soziologie am Exzellenzcluster „Languages of Emotion" und am Institut für Soziologie der Freien Universität Berlin. Zudem ist er Forschungsprofessor am Deutschen Institut für Wirtschaftsforschung (DIW) Berlin. Forschungsschwerpunkte: Emotionen, Normen, soziale Ungleichheit. Letzte Publikation: Sternstunden der Soziologie. Wegweisende Theoriemodelle des soziologischen Denkens (2010, Hrsg. mit Sighard Neckel, Ana Mijic und Monica Titton).

Dorthe Staunæs, geboren 1970, ist Professorin für Psychologie und Leiterin des Forschungsprogramms „Organisation und Lernen" am Department of Education (DPU) der Aarhus Universität. Sie ist u.a. Regional Editor des *International Journal of Qualitative Studies in Education* und Verfasserin zahlreicher Bücher und Artikel in Forschungszeitschriften und Anthologien. Sie erforscht schwerpunktmäßig die performativen Effekte von „Psy-Management", also Leitungskonzepten, die in Ausbildungsorganisationen und Organisationen pädagogische und psychologische Methoden und Begriffe verwenden. Staunæs ist darüber hinaus eine führende Diversitätsforscherin (Geschlecht, Ethnizität und Rasse) und kommentiert häufig in den Medien.

Chris Steyaert, geboren 1962, ist Ordinarius für Organisationspsychologie an der Universität St.Gallen. Thematische Schwerpunkte seiner Forschungstätigkeit sind Fragen der Kreativität, Diversität und Reflexivität in organisationalen Kontexten. Neuere Publikationen über Affekt beinhalten: Relational Practices, Participative Organizing (2010, Hrsg. mit Bart Van Looy) und „Spacing organization: Non-representational theory and performing organizational space" (2012, in *Organization*, mit Timon Beyes).

Linda Williams, geboren 1946, unterrichtet Filmwissenschaft und Rhetorik an der University of California in Berkeley. Ihre Schwerpunkte sind die Kino-Genres Pornografie und Melodram sowie „body genres" jeder Art. Neben zahlreichen Referenzartikeln zu diesen Themen veröffentlichte sie folgende Sammelbände und Monografien: Viewing Positions (1993, Hrsg.); Reinventing Film Studies (2000, Hrsg. mit Christine Gledhill); Porn Studies (2004, Hrsg.); Hard Core. Power, Pleasure and ‚the Frenzy of the Visible' (1989, auf Deutsch 1995); Playing the Race Card. Melodramas of Black and White from Uncle Tom to O. J. Simpson (2001); Screening Sex (2008). Zur Zeit schreibt sie an einem Buch über die Kult-Serie *The Wire*.